Gerd Heursen

Ungewöhnliche Didaktiken

BERGMANN+HELBIG VERLAG
HAMBURG

PB BUCH 31

Die Deutsche Bibliothek – CIP-Einheitsaufnahme
Ungewöhnliche Didaktiken
Gerd Heursen.
Hamburg : Bergmann und Helbig, 1997
(PB-Bücher; 31)
ISBN 3-925836-34-9
NE: Heursen, Gerd; GT

© Bergmann + Helbig Verlag GmbH, Hamburg 1996
1. Auflage 1997
Titelbild: Holzschnitt, um 1490
Satz und Gestaltung: Bergmann + Helbig Verlag
Druck und Binden: poppdruck, Langenhagen
ISBN 3-925836-34-9

Die Reihe PB-BÜCHER
wird herausgegeben von Redaktions-Mitgliedern
der Zeitschrift PÄDAGOGIK

Johannes Bastian
Peter Daschner
Herbert Gudjons
Klaus-Jürgen Tillmann

BERGMANN+HELBIG VERLAG
HAMBURG

Inhalt

Vorwort

Als ich mich mit dem Gedanken befaßte, eine Serie über „ungewöhnliche Didaktiken" zu schreiben, bewegte mich vor allem die Neugierde auf kleine Wege abseits der großen didaktischen Pfade.

Die großen Didaktiken prägen vor allem die Landschaft der Lehrerbildung. In den Räumen der Unterrichtspraxis hingegen bleiben sie auf eine eigentümliche Weise unwirksam.

Wer heute genauer hinschaut, der entdeckt abseits der großen Pfade eine Vielfalfalt neuerer, manchmal auch schon nicht mehr ganz so neuer, jedenfalls „ungewöhnlicher" didaktischer Konzepte und Ansätze – Wege durch eine von neuen, zum Teil widersprüchlichen Ansprüchen geprägte Schullandschaft:

- Schule soll sich mehr den erzieherischen Aufgaben zuwenden und gleichzeitig dem explodierenden Wissen gerecht werden;
- Schülerinnen und Schüler sollen eigenständige und selbständige Individuen werden und gleichzeitig Kooperationsfähigkeit lernen;
- Lehrer sollen stärker auf Allgemeinbildung setzen und gleichzeitig den Besonderheiten der Fächer gerecht werden.

Die Liste dieser widersprüchlichen Anforderungen ist unvollständig. Sie berücksichtigt auch nicht die Besonderheiten der unterschiedlichen Schulformen. Sie macht aber deutlich, daß der Vielfalt der Ansprüche eine Vielfalt von didaktischen Konzepten und Unterrichtformen besser gerecht werden kann.

So verwundert es nicht, daß in den einzelnen Schulen verschiedene Unterrichtskonzepte nebeneinander erprobt werden – das war schon immer so; verwunderlich ist eher, daß ein und der gleiche Lehrer an unterschiedlichen Tagen oder in unterschiedlichen Klassen zu jeweils anderen Konzepten greift bzw. unterschiedliche Akzente setzt. Welchen

Ansatz er oder sie bevorzugt, ist weitgehend abhängig von der jeweiligen Lernsituation.

Der Anspruch, nach dem jeder Unterricht zumindest strukturell gleich zu sein habe, wird heute noch nicht einmal in der Person des einzelnen Lehrers realisiert. Wie könnte er auch, wenn die Bedingungen des Unterrichtens alles andere als Gleichförmigkeit erfordern.

Da muß ein bestimmtes Wissen schnell und effektiv im Frontalunterricht vermittelt werden, da sollen die Schülerinnen und Schüler zu Eigentätigkeit im Projektunterricht angeregt werden, da müssen andere Schüler durch Konzentrations- und Entspannungsübungen für den Unterricht erst bereit gemacht werden.

Wer heute der Vielfalt der Ansprüche und der Heterogenität der Schüler gerecht werden will, der muß mehr als ein didaktisches Konzept kennen; der wird nicht anders können, als sein eigenes Unterrichtskonzept selbst zu erfinden – und dabei können ungewöhnliche Didaktiken anregend wirken.

So entwickelte sich aus der anfänglichen Neugierde die Einsicht in die Notwendigkeit einer Vielfalt didaktischer Konzepte.

Die Darstellung ungewöhnlicher Didaktiken folgt dem Wunsch, die didaktische Fantasie der Leser und Leserinnen anzuregen und sie zu eigenen Unterrichtskonzepten zu ermutigen. Damit verbunden ist die Hoffnung, einen Beitrag zu einer Lernkultur der Vielfalt zu leisten.

Ich danke meinem Kollegen Johannes Bastian für seine kompetente und einfühlsame Begleitung der PÄDAGOGIK-Serie, Frau Grünewald für das Schreiben des Manuskripts und meiner Familie für unbeanspruchte Wochenenden.

Gerd Heursen
Berlin – Friedenau
im Januar 1997

Didaktische Autonomie

Zur Notwendigkeit einer größeren didaktischen Vielfalt

„Gegenwärtig nimmt der Begriff der Didaktik, was immer im einzelnen darunter verstanden werden mag, eine wichtige, fast zentrale Stellung innerhalb der pädagogischen Tradition ein", schreibt der inzwischen verstorbene Münsteraner Pädagoge *Herwig Blankertz* 1970 in der vierten Auflage seiner „Theorien und Modelle der Didaktik" (S. 15) – der vierten nach nur wenig mehr als einem Jahr seit Erscheinen der ersten!

Fast 25 Jahre nach der ersten Auflage der „Theorien und Modelle der Didaktik" rückt der Freiburger Schul- und Gruppenpädagoge *Edmund Kösel* (1993) sie in die Nähe schwarzer Pädagogik, wirft der Marburger Didaktiker *Hans-Christoph Berg* (1993) der „herrschenden Didaktik" Abgehobenheit vor, unterstellt ihr einen kulturdirigistischen Anspruch, der die Schulvielfalt bedrohe und Monotonie befördere.

Tatsächlich führt schon jede, fast jede Unterrichtshospitation dem zunächst unbefangenen Besucher vor Augen: hier herrschen keine Theorien, hier werden keine Modelle angewandt – hier herrscht aber auch keine Monotonie, hier herrscht gar nichts: Da stehen offene Unterrichtskonzepte neben traditionellem Unterricht, werden Projektwochen im Anschluß an straff durchgeplante Lehrgänge gestaltet, steht die spannend erzählte Stunde neben der nur mühsam über die Runde gebrachten: lebt die bunte Vielfalt, sagen die einen, regiert die Willkür, entsetzen sich die andern.

In der Literatur ein ähnliches Bild: Neben den hinlänglich bekannten didaktischen Modellen, zu denen es immer weniger Berichte über entsprechenden Unterricht gibt, steht ein anschwellender Strom mehr oder weniger reflektierter, mehr oder weniger begeisternder, in fast jedem Fall aber begeisterter Berichte über Unterricht, der anderen Kriterien folgt, als sie die gängigen Modelle wahrhaben möchten. Da gibt es neben der neuen Schulvielfalt, die im Anschluß an die Autonomiedebatte der letzten Jahre schon durchschimmert, eine Vielfalt der Unterrichte.

Die Ursachen für die Entfremdung von didaktischen Modellen und Lehrern, von der *Prange* (1986, S. 7) spricht, und die offensichtliche Unvereinbarkeit des Anspruchs auf globale Regelung mit dem tatsächlichen Unterrichtsgeschehen, sind nicht nur in der Distanz von Theorie und Praxis zu suchen. Sie sind begründet in den sich wandelnden Erwartungen, die an die Didaktik – insbesondere von Lehrerinnen und Lehrern gerichtet werden.

Stagnation durch Selbstüberforderung

25 Jahre, nachdem *Herwig Blankertz* die „drei Grundpositionen der Didaktik" (1970, S. 7) dargestellt hat, ist die Lage nur wenig verändert: „In den 80er Jahren hat es in der BRD und im deutschsprachigen Ausland kaum Neuansätze, wohl aber interessante Weiterentwicklungen der gängigen didaktischen Modelle gegeben", stellen *Werner Jank und Hilbert Meyer* (1991, S. 13) fest. Soweit die offizielle Didaktik, die Universitäten und Lehrerbildungsseminare beherrscht.

Ganz anders sieht es auf der Ebene der Unterrichtskonzepte bzw. Unterrichtsmodelle aus. Hier annoncieren schon bloße Fülle und Vielfalt Ideenreichtum und lebendige Entwicklung. Mit solchen „Didaktiken zum Anfassen", wie Jank und Meyer sie nennen, wird dieses Buch sich befassen. Nicht nur, weil sie „praxisnahe Orientierungshilfen für die Gestaltung anspruchsvollen Unterrichts liefern" (*Jank; Meyer,* S. 13) und deshalb den tatsächlichen Unterricht beeinflussen können, sondern weil sie eben das zu leisten vermögen, was die offiziellen Didaktiken wenn überhaupt nur gelegentlich zu bewirken vermögen: Lehrern die Lust auf eine neue, andere Art des Unterrichts zurückzugeben, sie wieder neugierig zu machen auf neue Ideen.

„Bemerkt und berichtigt denn keiner … die drei elementaren Fehler, die schon beim ersten Blick … ins Auge springen", ruft *Christoph*

Berg, dessen Wiederentdeckung der Lehrkunst wir in einer der späteren Folgen vorstellen werden, in bezug auf die Didaktikdiskussion seit Blankertz, „bemerkt denn keiner ...(die) drei Fehler, die diese Didaktikdiskussion so quälend orientierungslos und superklug machen: es fehlen Unterrichtsmodelle ..., es fehlen Meisterlehrer ..., es fehlen Reformschulen" (*Berg* 1993, S. 112): Die „herrschende Didaktik" *(Berg)* ist zu abstrakt, zu wenig an den Lehrern orientiert und zu sehr auf das gegebene Schulsystem fixiert, könnte man Berg auch lesen.

Für wahr würden *Jank/Meyer* sagen, Distanz und Abstraktheit sind aber gerade die Stärke der gängigen didaktischen Modelle. Denn die Schwäche der „Didaktik aus Fleisch und Blut" (also der Unterrichtskonzepte und -modelle) ist es, daß „nicht jeder Lehrer mit jedem Konzept glücklich werden kann, weil die erfolgreiche Umsetzung davon abhängt, daß die erforderlichen Handlungsspielräume im Schulalltag gegeben sind oder geschaffen werden können und daß das Konzept zur eigenen Persönlichkeitsstruktur und zu den im Verlauf der Berufssozialisation verinnerlichten Unterrichtsbildern paßt" (S. 291).

Die angebliche Schwäche der Unterrichtsmodelle aber kann man auch als ihre Stärke interpretieren. Was sie nach *Jank/Meyer* (1991) auf den Rang verweist, nämlich die „Fragen nach der Umsetzung unter alltäglichen Arbeitsbedingungen, Rückwirkungen ... auf das Selbstverständnis von Lehrern und Schülern und ähnliche Probleme" (S. 291), das macht sie erst bedeutsam.

Didaktische Modelle müssen sich durch mehr Distanz zur Praxis von Unterrichtskonzepten absetzen, weil nur so ein fundamentales Unterscheidungsmerkmal bestehen bleibt, eine unhintergehbare Bedingung ihrer Existenz erfüllt wird: nicht für einzelne Lehrer, sondern für alle und jeden; nicht passend zur jeweiligen Persönlichkeitsstruktur und zum Verlauf der Berufssozialisation, sondern überpersönlich gültig. Nicht viele Unterrichtsmodelle, sondern das eine didaktische Modell ist gefragt.

Indessen liegt schon in dem Anspruch der offiziellen Didaktiken auf allgemeingültige, für jedes Fach und jede Schule geltende Gesichtspunkte des Unterrichts (vgl. *Jank/Meyer,* S. 208) der Keim zur Illusionierung und Des-Illusionierung.

Damit kann die Hauptthese des Buchs in vier Punkten formuliert werden. Erstens: Die herrschende Didaktik verdankt ihre Existenz dem

Anspruch der Pädagogen und Schulplaner auf eine einheitliche Schule, einheitliche Unterrichtskonzepte und einheitlichen Unterricht. Zweitens: Sie ist an diesem Anspruch gescheitert. Drittens: Ihr Anspruch kann aufgrund gesellschaftlicher Entwicklungen nicht mehr aufrechterhalten werden. Viertens: Eine neue Vielfalt unterrichtlicher Praxen in der Folge unterschiedlicher didaktischer Konzepte wird sich etablieren, befördert von dem Willen der Akteure, guten Unterricht zu machen.

„Omnes omnia"

Den Anspruch der herrschenden Didaktiken, durch die richtige, wohlüberlegte Anordnung von Zeit, Stoff und Methode jeden beliebigen Schüler zu jedem beliebigen Ziel in jeder Schule zu bringen, formulierte im 17. Jahrhundert schon *Comenius*. Sein „alle alles lehren" läuft auf Vereinheitlichung des Lernens, die Gleichbehandlung aller Schüler und aller Gegenstände hinaus, bezweckt, wenn man so will, eine Mechanisierung des Lernens.

Comenius schwebte offensichtlich eine Art didaktischer Maschine vor, mit deren Hilfe die Wirklichkeit in einzelne Elemente zerlegt, die sinnliche Erfahrung vorgestanzt und das Fortschreiten vom Leichten zum Schweren gesichert werden könne: „Alles wird ebenso leicht und bequem werden wie eine Uhr, wenn sie von ihrem Gewicht reguliert wird; ebenso angenehm und erfreulich, wie der Anblick einer solchen Maschine angenehm und erfreulich ist, und mit derselben Sicherheit schließlich, wie sie einem so kunstvoll ausgedachten Instrument eigen ist", preist *Comenius* (1971, S. 124) sein Konzept.

Im Bild der Maschine schimmert ein zweifaches durch: die gleichsam fortschrittliche Idee, mit möglichst einfachen Mitteln auch die Masse der Jugend, eben die „ganze Jugend" *(Comenius),* in den Genuß von Unterricht kommen zu lassen, also die Alphabetisierung der ganzen Gesellschaft zu bewirken, und als zweites, das ganze nach den Maßgaben der angehenden Industrialisierung effektiv zu organisieren.

Nach Lage der Dinge konnte das nur ein Einheitsunterricht im Medium des Frontalunterrichts sein, der sich schließlich am Ende des

18. Jahrhunderts in der „beklemmenden Vision eines fabrikmäßig rationalisierten Massenunterrichtes" (*Meyer* 1987, S. 184) weiterentwickelte und sich später mit der Einführung der allgemeinen Schulpflicht, deren Voraussetzung und Folge er zugleich war, durchsetzte. Die ihm entsprechende Didaktik, die die Didaktik fortgeschrittener Industrialisierung ist, hat sich bis heute gehalten.

Der vorläufig letzte Schritt zur Vereinheitlichung – und damit auch zur administrativen Vergleichbarkeit – der Schule und des Schulunterrichts wurde von den herrschenden Didaktikmodellen selbst unternommen. Denn sie wollen wie jedes allgemein-didaktische Modell, so *Jank/ Meyer* (1991, S. 92 f.), „ein allgemeines und deshalb notwendigerweise recht formales Modell für die Gestaltung beliebigen Unterrichts liefern", was ihnen aber nur gelingen kann, wenn sie ihre eigenen Unterschiede aufheben, sich angleichen, auch in diesem Sinne allgemein werden.

Und wenn ich die Geschichte der von Blankertz angesprochenen Modelle richtig lese, haben die damals noch konkurrierenden Didaktiken genau das getan, nämlich sich durch „Revision" (*Schulz* 1977) und durch Erweiterung (*Klafki* 1976) verschränkt und angeglichen. Ihr Anspruch ist dadurch fast zwangsläufig noch umfassender geworden: „Ein didaktisches Modell", schreibt *Klafki* 1985, „das für die Praxis handlungsorientierend sein soll, wird so geartet sein müssen, daß es auf die durchschnittliche heutige Unterrichtssituation der Mehrzahl unserer Lehrer und Schüler beziehbar ist" (S. 210).

Mit der wechselseitigen Durchdringung der traditionellen Didaktik, die bis in die Sprachregelung geht, geht indessen keine Lösung der unterrichtlichen Probleme einher, sondern ein seltsam anmutender Stillstand der Theorieentwicklung und eine praktische Folgenlosigkeit.

Übriggeblieben sind aber vor allem die nicht erfüllten und wohl nicht (mehr) erfüllbaren Ansprüche der traditionellen Didaktik an sich selbst (vgl. dazu ausführlicher: *Heursen,* 1994f.).

Es sind dies:

■ zwischen Individuum und Gesellschaft zu vermitteln,
■ die (staatlichen) Lehrpläne in den Unterricht der Schulen zu transportieren, bei ihrer Entwicklung und Umsetzung entscheidende Hilfestellung zu leisten,

■ zwischen der Allgemeinen Didaktik und der Fachdidaktik ein Kontinuum etablieren zu wollen und schließlich

■ den je konkreten Unterricht maßgeblich beeinflussen zu können.

Die Gesellschaft, der einzelne und dazwischen die Didaktik

„Didaktik im umfassenden Sinne hat die Aufgabe, zwischen dem Individuum und der Gesellschaft zu vermitteln", heißt es 1986 bei *Adl-Amini* (S. 28). Diese Funktionszuschreibung war innerhalb der didaktischen Theorie über lange Zeit unumstritten. Schien doch im Rahmen der staatlich organisierten Schule erst die Didaktik die Gewähr dafür zu bieten, daß zwischen den divergierenden Ansprüchen der Gesellschaft und den Individuen ein Ausgleich geschaffen werden kann.

Tatsächlich hat die Didaktik diesen Auftrag über weite Strecken ihrer Geschichte nur um den Preis einer Parteinahme für die Belange der Gesellschaft gegen die Ansprüche der Individuen erfüllen können: Was das Modell der didaktischen Maschine bei Comenius repräsentierte, nämlich die Escamotierung der einzelnen Schüler als Subjekte aus dem Unterricht (vgl. dazu *Adam* 1988), setzte sich später fort. Es erreichte einen – vorläufigen – Höhepunkt in den didaktischen Modellen der Herbartschüler, die ein mechanistisches Formelwerk des Unterrichtens entwickelten, um mit seiner Hilfe die Zöglinge konstruieren zu können. Didaktik diente einzig dem Zweck, „streng, gesetzmäßige, notwendige Wege, …, die zu bestimmten, deutlich gedachten Zielen hinführen, … wodurch der Zögling zu ganz bestimmten Richtungen, Tätigkeiten, Reaktionen determiniert wird" (*Ziller* 1876, S. 23), aufzuzeigen.

Gegen die fortwirkende Neigung der Didaktik, ihren gesellschaftlichen Anspruch unkritisch nach Maßgabe bloßer technischer Rationalität zu organisieren, hatten schon die Reformpädagogen zu Beginn des Jahrhunderts das zuvor von Rousseau formulierte Eigenrecht des Kindes auf freie Entwicklung und eigenständige Zielsetzung gestellt und dabei insbesonders die Didaktik für die Verbiegung der Kinder im Namen der Gesellschaft in Haft genommen: Der Fröbelsche Satz: „Laßt uns für die Kinder leben" wird von *Ellen Key,* die das Jahrhundert des Kindes ausruft, umgeschrieben in: „Laßt uns die Kinder leben lassen"

(*Key* 1902, S. 55). Sie formuliert dies in der Absicht, die öffentliche Erziehung „von der Dressur des Einlernens, von den Formen der Methodik, von dem Druck der Herde" *(ebenda)* zu befreien.

Die Schule der Zukunft, so Key weiter, wird eine Schule für alle sein, wird die allgemeine Bildung fortsetzen, „aber nach einem jedem Individuum angepaßten Plan" (S. 57). Indessen: Auch diese Schule bleibt gebunden an den Plan, ist gegründet auf einem Tableau von Lehrplänen und Lernzielen, von Methoden und Arrangements. Und das freilich „sieht nach fertigem Rezept aus, nach einem Umbauplan ..., suggeriert Machbarkeit, Organisierbarkeit, Lehrbarkeit" (v. Hentig 1991, S. 20).

Die Individualität des Kindes, so bleibt anzumerken, ist auch hier eine konstruierte. Damit aber bleibt die Didaktik des Individuums an die gleichen Voraussetzungen gebunden wie die Didaktik der Gesellschaft: die grundlegende Differenz von Lehrern als Planern des Geschehens auf der einen und Schülern als mehr oder weniger Verplante auf der anderen Seite. Das Versprechen der Didaktik, in der Institution Schule Gesellschaft und Individuum miteinander zu vermitteln, konnte, so sehen wir am Beispiel der Reformpädagogik, auch von der Individualpädagogik nicht eingelöst werden.

Die Aussichten allgemeiner – im Sinne von: umfassender – Didaktik auf einheitliche Regelung des Unterrichts sind heute, in der individualisierten und pluralisierten Gesellschaft der Postmoderne getrübter denn je.

Die von *Beck* (1986) beschriebene Individualisierung als Hauptform der Vergesellschaftung (vgl. auch 1993) bewirkt in bezug auf die Didaktik nämlich zweierlei:

Sie zerstört deren Hoffnung, als Planungsinstrument Vergesellschaftung, das Miteinander von Gesellschaft und Individuum, (mit-) entscheidend steuern zu können, und übergibt sogleich diesen Anspruch an neue Vergesellschaftungsformen, z. B. die Medien.

Die Reaktion der traditionellen Didaktik auf ihre Enttäuschung kann deshalb nur sein, sich selbst für den jeweiligen Verwendungszusammenhang zu differenzieren und eine neue Vielfalt didaktischen Handelns zu eröffnen, über deren Konkretisierung die Handelnden (Lehrer wie Schüler) selbständig und autonom entscheiden.

Lehrpläne ohne Unterricht

Didaktische Überlegungen beziehen sich in aller Regel auch auf Lehrpläne. Didaktik und Lehrplantheorie sind deshalb in der Vergangenheit oft synonym gebraucht worden. Das gilt für *Comenius,* dessen Deckblatt zur Didactica Magna sich liest wie das Inhaltsverzeichnis eines modernen Lehrplans, ebenso, wie für *Erich Weniger*, der seine Didaktik auch als eine „Theorie der Bildungsinhalte und des Lehrplans" verstand (1952).

Tatsächlich ist ja auch die Entwicklung der Didaktik nur zu verstehen mit dem Aufkommen der Frage nach der Funktion und dem richtigen Aufbau schulischer Lehrpläne. Denn schließlich waren die Lehrpläne erst der Transformationsriemen für die in der Didaktik festgehaltenen Bildungsidee. Und erst in den Lehrplänen konnte sich der normative Anspruch der Didaktiken gleichsam materialisieren. Bedingung für den Anspruch, mit Hilfe der Lehrpläne den Unterricht bestimmen zu können, war ein geschlossenes Weltbild (z. B. das pansophische des Comenius), das dem Didaktiker die Folgen seiner Planung (scheinbar) klar vor Augen treten ließ und zugleich die Legitimationsbasis für die Betroffenen darstellte.

Ein allgemeingültiges Weltbild gibt heute aber nicht mehr. Schon Mitte dieses Jahrhunderts hatte der vielleicht wichtigste Lehrplantheoretiker, *Erich Weniger*, vergeblich versucht, mit Hilfe eines eher formalen Konstruktes, des Bildungsideals, auf das sich die um den Lehrplan ringenden gesellschaftlichen Mächte (so *Weniger* 1952) einigen sollten, eine einheitliche Grundlage für die Lehrpläne der staatlichen Schulen zu schaffen. Noch nicht einmal 20 Jahre später stellt Blankertz angesichts der historischen Bedingtheit aller Bildungsziele und angesichts der gesellschaftlichen Differenzierungsprozesse fest, daß sich vom Bildungsbegriff „keine Didaktik (mehr) positiv auslegen läßt" (1970, S. 36).

Das Scheitern der offiziellen DDR-Didaktik, die als ein rigides normatives Modell versuchte, aus obersten Staats- und Gesellschaftsnormen über die Formulierung eines umfassenden Lehrplanwerkes den Unterricht bis in Einzelheiten zu steuern, kann nur als ungewollte, indessen eindrucksvolle Bestätigung des Blankertzschen Diktums über die historische Selbstüberschätzung jeglicher zentral steuernder Didaktik gesehen werden (vgl. *Heursen* 1994d).

Auch die eher verfahrensmäßig ausgerichtete curriculumorientierte Didaktik (vgl. z. B. *Robinsohn*, 1969) vermochte die allgemeine Akzeptanz von Lehrplänen im Ernst- (also im Konflikt-)fall nicht mehr zu sichern, wie die vielen, noch heute gelegentlich hart geführten, politischen Diskussionen um neue Lehrpläne belegen. Die Idee der Rahmenrichtlinien hatte ja den Verzicht einheitlichen Unterrichts auf der Grundlage einheitlicher Lehrpläne ausdrücklich zum Programm erhoben. Und nicht selten legen sich Lehrer untereinander nahe, Unterricht zu machen und dann zu sehen, wie er zu den geltenden Lehrplänen paßt.

Der konsequente nächste Schritt in dieser Reihe wäre die Autonomisierung der Lehrplanarbeit an den Schulen selbst (vgl. *Heursen*, 1994a/b).

Das Allgemeine, das Fach und der Unterricht

In der Geschichte der Didaktik haben die Allgemeinen Didaktiken in der Regel versucht, ihren Steuerungsanspruch durch die Generierung entsprechender fachdidaktischer Konzepte zu untermauern und umzusetzen. Das ist ihnen indessen bis heute kaum gelungen (vgl. zuletzt dazu: *Meyer/Plöger* 1994).Vielmehr gehen die Fachdidaktiken, die selbst ein Teil des didaktischen Differenzierungsprozesses sind (vgl. *Otto* 1984), mit je eigenen Fragestellungen an den Unterricht.

Aus der Differenzierung der allgemeinen Didaktik und der Erweiterung der pädagogischen Fragestellung in den Fachdidaktiken folgt gleichsam notwendigerweise ein Konvergenzprozess zwischen Allgemeiner Didaktik und Fachdidaktik (vgl. *Heursen* 1994c). Er erlaubt es erst, macht es dann aber auch notwendig, Erfahrungen aus bestimmten didaktischen, fachdidaktischen wie etwa bereichsspezifischen Didaktiken (z. B. aus der betrieblichen Weiterbildung) heranzuziehen, darzustellen und für die Übernahme durch andere Didaktiken fruchtbar zu machen. Dies Buch wird einen Schritt in diese Richtung tun.

Didaktik ohne Praxis

Die Krise der Didaktik ist die Krise ihres Selbstverständnisses als einer praktischen Disziplin, die die Praxis nicht erreicht. Das wird für die Fachdidaktiken ebenso beklagt wie für die allgemeinen Didaktiken. Indessen unterstellt diese Klage – trotz aller Relativierung der Beeinflußbarkeit von Praxis durch Theorie überhaupt – daß es einen strukturellen Zusammenhang zwischen Ansprüchen der Theorie und denen der Praxis gibt. Die Frage jedoch, ob es diesen Zusammenhang überhaupt geben kann, stellte sich bisher kaum. Sie wird aber um so dringlicher gestellt werden müssen, als die Möglichkeit einer sinnvollen Bezugnahme von pädagogischer Theorie und einer entsprechenden Praxis in Zweifel gezogen werden muß, insofern im Gefolge poststrukturalistischer Analysen über das Verhältnis von Zeichen und Realität (vgl. z. B. *Baudrillard* 1978) die Möglichkeiten einer sinnvollen Bezugnahme theoretischer Zeichen zu einer irgendwie gearteten Realität (Praxis) generell in Frage gestellt wird: „Das Band zwischen den pädagogischen Theoretikern und der ‚Praxis‘“, schreibt *Lenzen* (1987), „auf die es sich bezieht, scheint zerrissen, ohne daß eine Wiederaufnahme der Bemühungen erfolgversprechend erschien, das sogenannte Theorie-Praxis-Verhältnis zu optimieren“ (S. 41).

Lenzens Diktum zielt in erster Linie auf den (gescheiterten) Versuch systematischer Pädagogik, die (zukünftige) pädagogische Praxis nach Maßgabe aufklärerischer Vernunft und eines (besseren) Zieles beeinflussen und gestalten zu können. An diesem Anspruch ist aber, wie wir gezeigt haben, auch die Didaktik gescheitert. Nicht, weil es Praxis nicht mehr gäbe, sondern weil es die eine Praxis (schon lange) nicht mehr gibt, wenn es sie denn überhaupt je gegeben hat.

Da es aber darüber hinaus ein konsensuierbares Kriterium, das zwischen guter und schlechter Praxis von außen unterscheidet, aufgrund der Pluralisierung der Gesellschaft kaum noch geben kann, muß die Güte der Praxis in den einzelnen Praxen selbst gesucht werden. Zugleich aber muß der Praxis eine didaktische Theorie zuzuordnen sein, die es ihr erlaubt, in ein Kommunikationsverhältnis mit anderen Praxen zu treten, über sie und sich selbst reflektieren zu können. Die Aufgabe einer solchen Theorie, die der Praxis folgt, wäre eine höchst bescheidene, nämlich die Mitteilbarkeit der Praxis zu sichern, einerseits und eine höchst anspruchsvolle, nämlich über die eigene Praxis einen Gütediskurs zu ermöglichen, auf der anderen Seite.

Dazu notwendig sind aber Begriffe, die Vorstellungen gelungener Praxis und anspruchsvoller Entwürfe, objektive Standards und subjektive Ausgestaltung der Praxis zugleich in sich vereinigen. Mit deren Hilfe also die neue Vielfalt in einen Rahmen gebracht und gestaltet werden könnte, ohne die Vielfalt selbst zu desavouieren. Dies Buch versucht das zu leisten. Es hat den Anspruch, einige in der Praxis erfolgreiche, indessen ungewöhnliche didaktische Ansätze darzustellen und für den Leser vergleichbar zu machen. Insofern ihr Anspruch jeweils kein umfassender ist, sind sie „Didaktiken aus Fleisch und Blut". Insofern sie auch über erfolgreiche Praxis berichten, sollen sie zur Nachahmung anregen.

Was den Leser erwartet

Entsprechend der Annahme, daß sich die Vielfalt der Praxen in der Vielfalt der didaktischen Konzepte widerspiegeln muß, werden in diesem Buch einige mehr oder weniger ungewöhnliche, jedenfalls gewöhnungsbedürftige didaktische Ansätze, unter bestimmten Gesichtspunkten zusammengefaßt. Diese Gesichtspunkte werden unter dem Stichwort didaktischer Prinzipien im nächsten Kapitel entwickelt.

Dabei gilt die Grundannahme, daß sich einzelne Ansätze jeweils entweder eher dem Lehrerhandeln, der Schülerpersönlichkeit oder den Inhalten des Unterrichts widmen. Die entsprechenden didaktischen Prinzipien sind Lehrerorientierung, Schülerorientierung, Wissenschafts- bzw. Lebensweltorientierung. Sie werden im jeweiligen Kapitel entwickelt. Das letzte, siebente Kapitel beschreibt Konzepte, die ausdrücklich mehrere Prinzipien integrieren wollen.

Bei der Explikation der Prinzipien geht der Autor von seinem, aus eigener Unterrichtserfahrung und theoretischer Lektüre gewonnenem Verständnis des jeweiligen Prinzips aus. Denn entgegen dem traditionellen Verständnis von didaktischen Prinzipien, werden sie, wie im nächsten Kapitel gezeigt, in erster Linie als das Resultat eines je subjektiv gespeisten Reflexionsvorganges über Unterricht, in den als gleichsam objektive Komponente das veröffentlichte Verständnis eines Prinzips einfließt, begriffen.

Autor wie Lehrer befinden sich damit in einer ähnlichen Lage: Sie müssen anhand nachvollziehbarer Erläuterungen ihr jeweiliges Konzept bzw. ihren jeweiligen Unterricht begründen; wohlwissend, daß es daneben andere, ebenso berechtigte geben kann. Die Darstellung der einzelnen Ansätze folgt dabei dem Anspruch, die Besonderheiten gegenüber den traditionellen Didaktiken herauszuarbeiten. Dazu wird häufig auf deren Begrifflichkeit zurückgegriffen. Denn die Erkenntnisse der traditionellen Didaktik werden nicht einfach ungültig, sondern können in je spezifischem Kontext in je spezifischer Form fortgelten. Sie verlieren allerding ihren Absolutheitsanspruch.

Die jeweiligen Ansätze entstammen unterschiedlichen Entstehungszusammenhängen: der Grund- und Hauptschuldidaktik; der gymnasialen wie der beruflichen Bildung, wie auch der Kollegschule. Sie verweisen auf hochschuldidaktische Probleme in der Lehrerbildung ebenso wie auch auf Fragen der betrieblichen Ausbildung.

Die Hoffnung, die sich mit dieser Vielfalt, wie mit dem Buch überhaupt verbindet, ist, daß sich bei ihren Lesern am Ende ein tieferes Verständnis ihres (je) eigenen Unterrichts entwickelt, daß sie ihren Unterricht mit anderen Unterrichten besser vergleichen können, daß sie für andere Konzepte ein breiteres Verständnis entwickeln, daß sich insgesamt noch mehr didaktische Fantasie und autonomes didaktisches Handeln verbreiten.

Die Vielfalt gestalten

Didaktische Prinzipien

Anything goes?

Eine kritische Reflexion der herrschenden Didaktiken, ihrer Ansprüche und ihrer Grenzen, war Gegenstand des ersten Kapitels in diesem Buch. Die Grenzen der traditionellen Didaktiken haben natürlich nicht zum Ende von Unterricht geführt. Das Gegenteil ist eingetreten: „Unterhalb" der Didaktiken hat sich eine bunte Vielfalt von Unterrichtsansätzen und -konzeptionen entfaltet. Hilfen zum Umgang mit dieser Vielfalt sind Anliegen des Buchs. Um didaktische Prinzipien als Strukturierungsangebot geht es in diesem Kapitel.

In der Unterrichtspraxis finden sich gegenwärtig höchst unterschiedliche Ansätze. Einige Beispiele, eher willkürlich und in keiner Weise vollständig: offener Unterricht – selbst ein Sammelbegriff –, lernzielorientierter, handlungsorientierter, erfahrungsbezogener, prozeßorientierter, wertorientierter Unterricht oder dezentrales Lernen.

Hinzu kommen noch die je eigen-artigen Unterrichtskonzepte, die jeder Lehrer im Laufe seines Berufslebens für sich entwickelt und die „häufig facettenreicher und manchmal auch wissenschaftlich anspruchsvoller als die in Buchform gefaßten Konzepte der Theoretiker sein können" (*Jank/Meyer* 1991, S. 42).

Gegen eine derart starke Eigen-mächtigkeit der Praxis verblaßt der einheitsstiftende Anspruch traditioneller Didaktiken. Vielfalt aber ist die notwendige Konsequenz aus der mittlerweile fortgeschrittenen Debatte um die Autonomie der Schulen: nicht nur der Unterricht selbst soll von starren Ansprüchen befreit werden, sondern auch die Fiktion einer einheitlichen Lehrplanung soll enttarnt werden (vgl. *Heursen* 1994a).

Die neue Vielfalt begründet sich unter anderem durch die zunehmende Differenzierung im Schulsystem selbst: Die Eröffnung neuer Zu- und Übergänge, die Kooperation unterschiedlicher Schulformen, die Erweiterung schulischer Angebote schaffen und befriedigen – wenn auch nicht in ausreichendem Maße – das Bedürfnis nach Einmaligkeit der Bildungsgänge.

Innerhalb des gegebenen Spektrums schulischer Abschlüsse gewinnt die Profilierung der einzelnen Schulen an Bedeutung; denn auch die Frage nach der Qualität von Schule entscheidet sich nicht nach dem allgemeinen Lehrplan, sondern danach, wie die einzelne Schule sich als pädagogische Handlungseinheit entwickelt (vgl. *Fend* 1986).

Eng verbunden mit der Frage nach dem jeweiligen inhaltlichen Profil einer Schule ist die Frage nach ihrem jeweiligen Erziehungskonzept. Denn die Entscheidung von Eltern für eine bestimmte Schule orientiert sich nicht nur an den inhaltlichen Angeboten, sondern auch daran, welche Schule am ehesten den eigenen Vorstellungen von Kindheit, von Erziehung, von einem zukünftigen Leben entspricht.

Sowohl die Angebote von Schule, als auch die Ansprüche an Schule werden differenzierter. Versuche einer generalisierenden Normierung sind zum Scheitern verurteilt.

Ein Beispiel im „Kleinen": Die oft unentschiedenen und in den meisten Fällen erbitterten Diskussionen um verbale Beurteilung in der Grundschule. Ein Beispiel im „Großen": Die Diskussion um die Allgemeinbildung Mitte der achtziger Jahre. Sie konnte und wollte angesichts der divergierenden Ansprüche kein einheitliches Verständnis von allgemeiner Bildung entwerfen (vgl. z. B. *Heid/Herrlitz* 1987).

Pädagogen versuchen solche Fragen durch ihre Arbeit im Klassenzimmer zu lösen, „das gilt – vor allem – für didaktische und methodische Überlegungen" (*Tenorth* 1986, S. 24).

Nun kann man aber der Didaktik schlecht abverlangen, was die Erziehungswissenschaft insgesamt nicht zu leisten vermag: eine einheitliche Antwort auf unterschiedliche Fragen und divergente Ansprüche. Deshalb muß die Diskussion um didaktische Konzeptionen zeigen, welche Möglichkeiten einer Verständigung sich überhaupt bieten und welche Ansprüche nicht unterboten werden dürfen. Dabei geht es nicht nur um die allgemeinen Zielsetzungen des Unterrichts. Vielmehr geht es heute um konkrete didaktische Entscheidungen, die im Rahmen zunehmender Gestaltungsspielräume an die einzelne Schule, an den einzelnen Lehrer gegeben werden.

Verbindliches: Hilfen gegen die Beliebigkeit

Damit aber stellt sich die Frage nach Begründbarkeit und Konsens. Nach welchen Gesichtspunkten sollen die einzelnen Gruppen „vor Ort", die Kollegien, die einzelnen Schulen, Lehrer, Schüler und auch Eltern über die Inhalte und das methodische Handeln im Unterricht entscheiden?

Die Reaktion auf diese Fragen ist gegenwärtig zwiespältig: da werden lebensnahe Lehrpläne, die Offenheit postulieren, gleichzeitig verordnet (vgl. *Heursen* 1994b); da wird in Hessen ein Lehrplan-Werk erarbeitet, das dem einzelnen Lehrer nur noch formal die Freiheit der Entscheidung über die Inhalte des Unterrichts läßt (vgl. *Heursen* 1994e). Da zentralisiert das Land Berlin unter dem Stichwort der Schulautonomie seine Schulverwaltung.

Diese zwiespältigen Reaktionen lassen auf eine Verunsicherung der Administration im Hinblick auf die Begründbarkeit und Legitimität ihrer Entscheidungen schließen, lassen administrative Befürchtungen über den Zusammenhalt der auseinanderdriftenden schulischen Verfassung aufscheinen: „Das auf mehr Autonomie abzielende Hessische Schulgesetz löst berechtigte Ängste vor zuviel Autonomie aus", sagt der Hessische Kultusminister 1993 in einem Gespräch, um mit der Bemerkung zu schließen, daß „man die Autonomie nicht soweit treiben (solle), daß den Eltern am Ende des Bildungsganges der Kinder Überraschungen serviert werden" (*Dichanz/Holzapfel* 1993, S. 28).

Diese Ängste, so möchte man hinzufügen, können allerdings nur auftauchen, wenn die Eltern nicht am Weg ihrer Kinder durch das Bildungsangebot beteiligt werden, wenn nicht klar wird, nach welchen Gesichtspunkten und Kriterien dieses Angebot aufgebaut ist, wie die

Arbeit im Klassenzimmer, wie das didaktische Arrangement als inhaltliche und methodische Gestaltung des Unterrichts entstanden und begründet ist.

Diese Ängste können entweder nur aufgelöst werden über einen (nicht wünschenswerten zentralen) Vergleich der Ergebnisse oder über den Vergleich der unterschiedlichen didaktischen Ansätze bezogen auf gemeinsame Bezugspunkte. Solche Kriterien müssen jedoch nach Lage der Diskussion erst entwickelt werden. Wegen fehlender Bezugspunkte geraten denn auch die Diskussionen über unterschiedliche Unterrichtskonzepte leicht zu Übungen in Glaubensfestigkeit. Die Entscheidung zwischen den Konzepten selbst bleibt in vielen Fällen zufällig, vielleicht sogar beliebig.

An dieser Stelle spätestens geraten die didaktischen Prinzipien ins Spiel, jene „obersten Orientierungspunkte von Handelnden in pädagogischen Situationen ..., Handlungsmaximen, die in einem definierten Umfang für jede konkrete Situation, in der pädagogischen Alltagspraxis wie in der Erziehungswissenschaft als gesellschaftlicher Praxis fortwährend Geltung beanspruchen" (*Schulz/Treder* 1985, S. 122).

Schon der Begriff der „didaktischen Prinzipien" löst jedoch ein leichtes Unbehagen aus. Dies nicht nur, weil, wie *Tenorth* in bezug auf die Lehrpläne bemerkt, "Pädagogen wohl die meisten Schwierigkeiten mit der Darstellung der strukturierenden, einheitsstiftenden und die Auswahl wie die Anordnung des Wissens legitimierenden Prinzipien gehabt haben" (1986, S. 20), sondern auch, weil der Begriff nach Universalität, Überzeitlichkeit und Überörtlichkeit klingt.

Prinzipien geraten nur allzu leicht zu Worthülsen, verlieren den Kontakt zur sich wandelnden Wirklichkeit. Ein mahnendes Beispiel ist jener normative Teils der DDR-Didaktik, der versucht hat, die von ihm selbst entwickelten didaktischen Prinzipien (vgl. z. B. *Autorenkollektiv* 1976) als Markpunkte eines zentralen Steuersystems vorzuschreiben. Wenn also Prinzipien gelten sollen, dann müssen diese deutlich machen, daß sie keine keine Rezepte und keine überall anwendbaren Regeln bieten (vgl. auch *Horn*ey 1963, S. 269).

Aufbau: Was ist der Gehalt didaktischer Prinzipien?

Didaktische Prinzipien sind beides: feste Grundsätze mit Anspruch auf übersituative Geltung und interpretationsfähige Kategorien, die den jeweiligen Gegebenheiten Spielraum lassen. Didaktische Prinzipien haben zwei Seiten: eine objektive, die sich aus der gesellschaftlichen Empirie unterrichtlicher Erfahrungen und Erfahrungswerte speist, und eine subjektive, die geprägt ist von der je individuellen Auslegung und Anwendung durch den einzelnen. Beide Seiten sind nicht genau voneinander abzugrenzen und müssen in der Praxis ausbalanciert werden.

Der übersituative Anteil eines didaktischen Prinzips stellt zugleich ihren Theoriegehalt dar. Denn jedes didaktische Prinzip beruht auf Verallgemeinerung von Unterrichtspraxis, stellt als Theorie geronnene Praxis dar. Als individuell auslegbare Größe gewinnt ein didaktisches Prinzip indessen erst dann seine Bedeutung, wenn es für die je konkrete Praxis wirksam wird. Die Balance zwischen beiden Polen bestimmt den je konkreten Sinngehalt von didaktischen Prinzipien, macht sie erst zu einer Größe, an der sich didaktisches Handeln messen lassen kann.

Extreme führen in die Irre. Die übermäßige Betonung der objektiven Seite didaktischer Prinzipien als Vorschriften etwa läßt den Unterricht regelhaft erstarren. Die Überbetonung der subjektiven Seite verformt didaktische Prinzipien zu „pädagogischen Slogans, die eher dazu da sind, das eigene Wollen in hellerem Licht erscheinen zu lassen und die Position des „Gegners" zu verunglimpfen, als wirkliche theoretische Klärung zu schaffen" (*Jank/Meyer* 1991, S. 273).

In der Balance sind das System und die Funktionen didaktischer Prinzipien zu suchen; nur so kann anstelle der befürchteten neuen Beliebigkeit didaktisches Handeln über innere Bezugspunkte kommunizierbar gemacht und Theorie und Praxis miteinander verbunden werden. Wenn Prinzipien das leisten, dann lassen sich mit ihrer Hilfe unterschiedliche didaktische Ansätze beschreiben und einordnen – so ist ihre Funktion in diesem Buch gedacht.

Während traditionelle Didaktiken ihre Prinzipien gleichsam von außen verbindlich machen, werden die Prinzipien der in ihrem Anspruch bescheideneren Unterrichtskonzepte von denjenigen entwickelt, die sie ausführen. Indem sie ihre impliziten Gesichtspunkte formulieren, wird ein didaktisches Modell sichtbar, das für andere (Kollegen, Schüler, Eltern) kommunizierbar wird. Durch den so ausformulierten modellhaften Gehalt von zunächst individuellen Unterrichtskonzepten entgehen sie subjektiver Beliebigkeit.

Ein gelungenes Beispiel für die Kommunikation administrativer Intentionen mit Hilfe didaktischer Prinzipien sind einige der neuen Lehrpläne des Landes Brandenburg und – wenn auch mit Einschränkungen – des Landes Hessen.

Die Brandenburger Lehrpläne, die sich ausdrücklich als offen bezeichnen (*PLIB* 1992, S. 4), formulieren Prinzipien wie Schülerorientiertheit und Problemorientierung, um Grundsätze und Variationsmöglichkeiten des Unterrichts zu umreißen und einen verbindlichen Rahmen für die Unterrichtsgestaltung zu liefern. Gleichzeitig legen sie den Lehrern aber auch ausdrücklich nahe, „in eigener Verantwortung den Unterricht im Sinne der Aufgabenbeschreibung des Faches und seiner Zielsetzung zu organisieren". Denn schließlich „dienen die didaktischen Prinzipien dazu, weitgehende Spielräume von Unterrichtsmöglichkeiten zu eröffnen" (S. 11). In diesem Sinne eröffnen sie die Perspektive eines guten Unterrichts, ohne ihn im einzelnen methodisch oder inhaltlich festzulegen.

Im Kontext zentraler Lehrplanung aber, auch das wird deutlich, bleibt die Orientierungsfunktion der didaktischen Prinzipien noch eine ambivalente, eher dem klassischen Schema verhaftet: Die Lehrer werden angehalten, etwas im Sinne von Vorgaben zu tun und zugleich werden sie aufgefordert, entsprechend ihren eigenen didaktischen Orientierungen ihr jeweiliges Verständnis der didaktischen Prinzipien darzulegen. Damit hat das Verwaltungshandeln sicherlich einen weiten Schritt hinsichtlich flexibler und differenzierter Unterrichtsgestaltung getan.

Einen weitergehenden Stellenwert für eine individuelle, offene Unterrichtsplanung erhalten didaktische Prinzipien allerdings erst dann, wenn sich die Frageweise umkehrt. Wenn es nicht mehr heißt: wie interpretiere und erfülle ich (als Lehrer) die in den didaktischen Modellen und Konzepten vorgegebenen Prinzipien und Kriterien, sondern welches sind meine Prinzipien, mit denen ich den Unterricht gestalte? Wie habe ich sie aufgebaut; wie erkläre ich sie; wie teile ich sie mit?

Der Gehalt so verstandener didaktischer Prinzipien ist also vor allem gebunden an den Lehrer, seine Erfahrungen und seine Reflexion des Unterrichts.

Funktionales: Hilfe bei der Entwicklung eigener Unterrichtskonzepte

Die Kommunizierbarkeit didaktischer Prinzipien wird bestimmt von ihrer Funktion, ihrem System und ihrem inneren Aufbau. Über den inneren Aufbau habe ich zuvor gesprochen (vgl. die Skizze), von Funktion und System der didaktischen Prinzipien soll im folgenden die Rede sein.

Der Gültigkeitsanspruch didaktischer Prinzipien, das hat die Diskussion ihres inneren Aufbaus gezeigt, kann nur eine begrenzte sein. Eine handlungsorientierende Funktion können die didaktischen Prinzipien heute nur noch haben, wenn sie flexibel, interpretationsfähig und individuell bedeutsam sind.

„Sie sind", faßt *Stöcker* schon 1960 ihre Orientierungsfunktion zusammen, „Leitbilder, die im Gedränge des Schulalltages unsere Arbeit ausrichten, die wir nicht aus dem Auge verlieren dürfen, soll unser Unterricht nicht der Willkür und Zufälligkeit der augenblicklichen Eingebung unterliegen" (S. 47).

Dies unterstellt, können wir weitere Funktionen präzisieren:

■ Auf der Ebene der Reflexion grundlegender Strukturmomente von Unterricht können didaktische Prinzipien der Analyse und Generierung von didaktischen Theorien und Modellen dienen. Sie konstituieren Unterrichtskonzepte (vgl. z. B. *Einsiedler* 1979, *Oblinger/Kotzian/Waldmann* 1985).

■ Auf der Ebene der Analyse und Planung von Unterricht können sie über Handlungsmöglichkeiten informieren (vgl. *Wöhler* 1979b, S. 15) und Handlungsmöglichkeiten durch Generierung zusätzlicher Gesichtspunkte eröffnen. Sie können die Auswahl von Inhalten und Methoden begründen helfen und die Offenlegung des eigenen Standpunktes ermöglichen (Kriterienfunktion).

Und vor allem:

- ersetzen sie auf der je konkreten Unterrichtsebene den fertigen Plan, gestatten offene Planung, nach der Lehrer ihre Handlungen ausrichten und zugleich situationsgebunden entscheiden können.
- Für den einzelnen Lehrer gewinnen didaktische Prinzipien den Charakter bewußter und zugleich routinisierter Leitlinien, die sein Handeln stützen und reflektierbar machen.
- Sie konstituieren auf dieser Ebene auch Unterrichtstile; ja werden zu „Haltungen" wie *Horney* (1963) sich ausdrückt.

Haltungen indessen, so müssen wir heute präzisieren, die auch die freie Entscheidung über die inhaltliche Füllung, Rangordnung und Wertigkeit von didaktischen Prinzipien implizieren. Sie werden zum subjektiven Widerpart der (traditionellen) Didaktikmodelle im mehrfachen Sinne: Sie widersetzen sich deren Anspruch als globale Steuerungsmittel, schwächen ihren Durchsetzungsanspruch und relativieren ihn entsprechend der von dem einzelnen Lehrer eingenommenen Haltung. Darüber hinaus ergänzen sie die didaktischen Modelle, weil bestimmte Modelle nur mit je bestimmten Unterrichtshaltungen vereinbar sind. Zugleich erlauben sie, wie oben gezeigt, die Entwicklung eigener, lehrer-eigener, Unterrichtskonzepte.

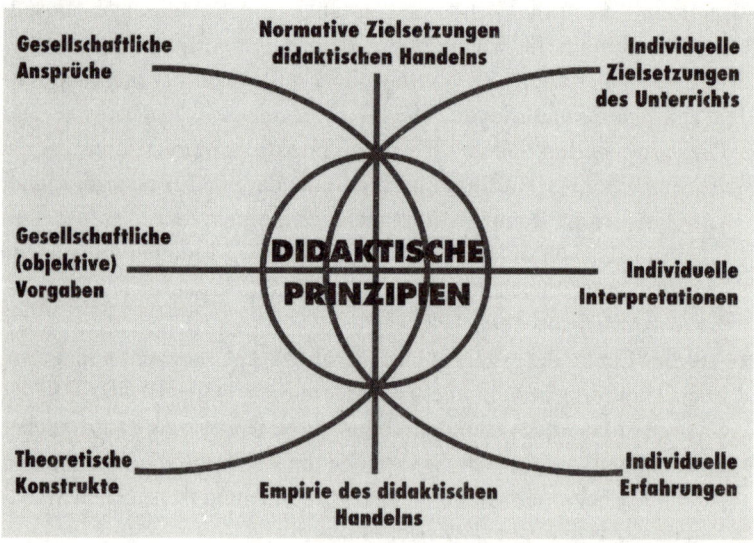

Abb.: Zur inneren Logik didaktischer Prinzipen

Damit schließt sich auch der Kreis zwischen den Konzepten eines guten, besseren Unterrichts und der je konkreten Unterrichtsplanung und dem Unterricht selbst. So können didaktische Prinzipien dazu beitragen, die Lücke zwischen Theorie und Praxis zu schließen.

Systematisches: Den Standpunkt gewinnen

Die jeweiligen Konzepte, die unterrichtlichem Handeln zugrunde liegen, lassen sich mit Hilfe ihrer inhärenten didaktischen Prinzipien auf den Begriff und in eine Ordnung bringen. Darüber hinaus wird ein Vergleich mit anderen Unterrichtskonzepten möglich.

Der Vorteil einer systematischen Ordnung didaktischer Ansätze liegt auf der Hand: Durch die Vergleichbarkeit werden sie nicht nur dem professionellen Diskurs (mit Kollegen z. B.) zugänglich, sondern auch durchschaubarer für diejenigen, die zwar unmittelbar Betroffene, aber in selteneren Fällen zugleich Fachleute sind: Schüler und Eltern.

Darüber hinaus erhöhen didaktische Prinzipien den Allgemeinheitsgrad didaktischer Konzepte. Wenn auf einer allgemeinen Ebene Zuordnungen und Vergleiche mit anderen Konzepten möglich sind, kann der jeweilige Ansatz in den Traditionsstrom didaktischen Handelns gestellt und auf seine (theoretischen wie praktischen) Wurzeln – vielfach z. B. die Reformpädagogik – zurückgeführt werden.

Didaktische Prinzipien lassen sich jedoch nur schwer systematisieren, weil sie weder widerspruchsfrei sind noch nach vergleichbaren Gesichtspunkten entwickelt wurden. *Breslauer* (1977) unterscheidet mit *Kopp* (1973) fünf verschiedene Ordnungsversuche (vgl. S. 93 ff.):

- Prinzipien als unmittelbar praktische Regeln (vgl. z. B. *Diesterwegs* Anweisungen an Lehrer (1851);
- Prinzipien, die aus bildungstheoretischen Überlegungen gewonnen wurden (z. B. *Oswald* 1964, *Drechsler* 1967);
- Prinzipien als Unterrichtsgrundsätze;
- Prinzipien mit erziehlich-politischer Ausrichtung (wie sie besonders in der DDR gepflegt wurden. Vgl. z. B. *Autorenkollektiv* 1976);
- lernpsychologisch entwickelte Prinzipien effektiven Lehrens und Lernens (z. B. *Brunnhuber* 1971, *Kopp* 1973).

Wegen ihrer Nähe zum Unterricht selbst und wegen ihrer hohen Plausibilität – weiter soll der Anspruch an dieser Stelle nicht gehen – folge ich in meiner Systematik einer Einteilung *Diesterwegs*, der

- nach Regeln für den Unterricht in betreff des Schülers;
- nach Regeln für den Unterricht in betreff des Lehrstoffs;
- nach Regeln für den Unterricht in betreff der äußeren Verhältnisse und schließlich
- nach Regeln für den Unterricht in betreff des Lehrers (*Diesterweg* 1851/1958) unterscheidet.

In enger Anlehnung an Diesterweg formuliert auch *Ursula Drews* (1976) ein System konstitutiver Prinzipien der Unterrichtsorientierungen.

Die konstitutiven Prinzipien beziehen sich auf jene durch die didaktische Triangel gekennzeichneten Grundsachverhalte des Unterrichts, die zusammen Unterricht erst ermöglichen (*Glöckel* 1990, S.168): Lehrer, Schüler, Inhalte. Durch sie werden gleichsam unabdingbare Hinsichten auf den Unterricht definiert.

Wir nennen einen Unterricht lehrerorientiert, der sich zuerst auf das Lehrersein bezieht (vgl. zu diesem Begriff das entsprechende Kapitel in diesem Buch). Wir nennen einen Unterricht inhaltsorientiert, dessen Bezugspunkte zuallererst durch die Sache, die es zu vermitteln gilt, dargestellt werden. Ähnliches gilt für die Schülerorientierung. Umgekehrt gilt, daß eine Unterrichtsform sich erst nach einem bestimmten konstitutiven Prinzip richtet, wenn alle Unterrichtssituationen diesem Prinzip folgen bzw. ihm zumindest nicht zuwiderlaufen.

Unterscheidet man zudem noch im Bereich der inhaltsorientierten Konzepte nach der Herkunft der Inhalte aus dem (systematischen)

Didaktische Prinzipien helfen bei
- der Entwicklung von Unterrichtskonzepten
- der Unterrichtsplanung
- dem Abweichen von der Planung
- der Routinisierung des didaktischen Handelns
- der Reflexion des Unterrichts

und werden zu
- Unterrichtsorientierungen

Abb.: Funktionen didaktischer Prinzipen

Bereich der Wissenschaften bzw. der Lebenswelt, so erhalten wir fünf grundsätzliche Orientierungen von Unterrichtskonzepten:

■ (eher) lehrerorientierte,
■ (eher) schülerorientierte,
■ (eher) wissenschaftsorientierte und
■ (eher) lebensweltorientierte

didaktische Ansätze.

Das Lehrersein neu denken

Die Stärkung des je individuellen didaktischen Handelns und der je individuellen Unterrichtskonzeptionen mit Hilfe didaktischer Prinzipien kann nur gelingen, wenn das Instrumentarium in Praxis anwendbar ist. Oder anders gesagt: die möglicherweise wiedergewonnene didaktische Freiheit kann sich nur dann wirklich entfalten, wenn Lehrerinnen und Lehrer in die Lage versetzt werden, eigene Unterrichtskonzepte zu entwickeln. Dazu gehört eine entsprechende didaktische Ausbildung ebenso wie der regelmäßige Austausch von Erfahrungen: sei es durch regelmäßige Zusammenkünfte, wie beispielsweise in der Freinet-Bewegung erprobt, oder durch extensive Publikation von Unterrichtserfahrungen, wie sie z. B. im „Projektunterricht", im „Praktischen Lernen", in Publikationen zum „offenen Unterricht" und neuerdings auch in der „Lehrkunstdidaktik" stattfindet.

Insbesondere aber bedarf es eines gewandelten Lehrerselbstverständnisses. Denn

■ an die Stelle der geschlossenen Klassentür tritt der Erfahrungsaustausch mit Lehrer-Kollegen, mit Schülern, mit Eltern;
■ an die Stelle der ja auch in gewisser Weise beruhigenden Vorgaben durch didaktische Modelle tritt das eher beunruhigende Wagnis konzeptioneller Offenheit und Selbständigkeit.

Und deshalb gilt – frei nach *Kösel* (1993):

Jeder Lehrende hat das Recht zu unterrichten, wie er es für richtig hält, wenn er seine didaktische Entscheidungen und sein didaktisches Handeln vor den Betroffenen und sich selbst rechtfertigen kann.

Die Lehrkunst entwickeln

Lehrerorientierte Didaktiken

Wer eine „Didaktik für Lehrer" schreibt, muß gute Gründe haben, dieses Selbstverständliche eigens zu betonen. Der Tübinger Erziehungswissenschaftler Klaus Prange hat sie. Sieht er doch den didaktischen Betrieb Mitte der achtziger Jahre „auf die Curriculumindustrie gekommen" (1986, S.7), den Interessen der Lehrer und Lehrer entfremdet und als bloßes Reden über Reden über Unterricht nur noch sich selbst genügsam.

Gegen diese Tendenzen will Prange die Lehrer und ihre Fähigkeiten – die Kunst des Lehrens – wieder in den Mittelpunkt stellen, ihre Erfahrungen im Unterricht aufgreifen, ihnen Regeln an die Hand geben, Reflektionswissen vermitteln. Prange und mit ihm andere (z. B. *Oelkers/Prior* 1982; *Berg/Schulze* 1995) wollen – bei allen Unterschieden im einzelnen – die Kunst der Lehrer zu lehren, ihre Lehrkunst stärken, die „didaktische Baukunst" *(Prange)* wieder in ihr Recht setzen.

Etwa zur gleichen Zeit sieht sich der Oldenburger Erziehungswissenschaftler und Didaktiker *Hilbert Meyer* veranlaßt, in seiner Darstellung von Unterrichtsmethoden (1987) ausdrücklich die Ergänzung der Schülerorientierung des Unterrichts durch eine Lehrerorientierung zu fordern. In der Entdeckung der Lehrerorientierung als Begriff für ein didaktisches Prinzip spiegelt sich eine zweifache Entwicklung wider:

Zum einen ist die traditionelle und fraglose Gleichsetzung von Didaktik und Lehrerorientierung (vgl. dazu: *Heursen* 1995) durch die Entdeckung des Schülers als Subjekt des Unterrichtes endgültig gebrochen. Zum anderen signalisiert der Begriff ein gewandeltes Verständnis des „Lehrerseins" (vgl. dazu *Hänsel* 1992).

Der Wandel des Lehrerselbstverständnisses wird gegenwärtig vor allem durch zwei Prozesse vorangetrieben:

Die gegenwärtige Autonomiedebatte kann dazu führen, daß Lehrer (und Schüler) zunehmend unabhängig werden von der Bevormundung durch zentralisierende Schulverwaltung und die ihnen zugesellten didaktischen Konzepte. Das gilt besonders für die Ziele und Inhalte von Schule und Unterricht. (Vgl. auch das erste Kapitel)

In der Diskussion über den Funktionswandel der Schule wird der Erziehungsauftrag der Lehrer aller Schularten zunehmend betont (z.B. *Wilhelm* 1984). Dadurch bekommt die „pädagogische Selbstrolle" *(Mollenhauer)* der Lehrer ein neues Gewicht, und es wird deutlich, daß zu einem veränderten Lehrersein auch ein neues Selbstbild der Lehrer gehört: „Lehrer müssen sich selbst für Erziehung und Bildung öffnen", schreibt *Hänsel* (1992, S.133). Sie verweist damit auf die Notwendigkeit, den neuen (alten) Anforderungen an die Lehrerrolle ein verändertes Kompetenzmuster und vor allem eine entsprechende Bildung der Persönlichkeit der Lehrer folgen zu lassen.

Die in diesem Kapitel dargestellte Lehrkunstdidaktik und das Konzept des pädagogischen Könnens werden als lehrerorientierte Didaktiken bezeichnet, weil sie die notwendige Erneuerung der Inhalte des Unterrichts durch die Lehrer selbst und die Entwicklung der Lehrerpersönlichkeit betonen.

„Kunst kommt von Können": Lehrkunst

„Liebe Leser, seid gegrüßt! Didaktik heißt Lehrkunst", ruft uns mit *Comenius Christoph Berg* zu, dem unzweifelhaft das Verdienst gebührt, die Tradition der Lehrkunst, wiederentdeckt zu haben, wie sie von eben jenem *Comenius* und fast gleichzeitig von Ratke, später Diesterweg und Willmann dargelegt wurde.

In neuerer Zeit verdanken wir es vor allem *Martin Wagenschein*, auf den Berg sich immer wieder beruft, daß gegen allen Szientismus moderner didaktischer Ansätze überhaupt eine Spur der Kunst des Lehrens sichtbar gehalten wurde (vgl. vor allem *Wagenschein* 1968).

Die Rede von der Lehrkunst bedeutet auch geschichtlich mehrfaches (vgl. *Willmann* 1906):

■ Als Lehrkunst richtet sie die Aufmerksamkeit auf das Können des Lehrers. Didaktik ist die Kunst des Lehrens (und eben nicht auch des Lernens wie *Schulze* sich gegen zwei neuere Handbuchartikel über Didaktik ausdrücklich absetzt (*Schulze* 1995a, S. 49). Sie will Meisterlehre sein, indem sie Erfahrungswissen, Ansprüche guten Unterrichts und Regeln des didaktischen Handelns aus der Analyse und dem Nachtun gelebter Praxis destilliert, aufarbeitet und weitergibt.

■ Als Kunst bringt sie die Person „als wichtigstes Curriculum des Lehrers" (*v. Hentig* 1981, S. 110) ins Spiel, wirft auf seine Tätigkeit ein anderes Licht. Denn Kunst beruht eher auf Erfahrung als auf Vorwissen. Sie erfordert Engagement. Sie benötigt Intuition (*Schulze* 1995a, S. 53). Sie will die Person der Lehrer stärken, indem sie durch entsprechende Lehrmaterialien und Reflexion Lehrer und Lehrstudenten zur Auseinandersetzung mit den eigenen Erwartungen, den eigenen Ansprüchen und der eigenen Praxis bewegt.

Die Lehrkunstdidaktik richtet sich zwar gegen den blutleeren Szientismus der herrschenden Didaktik, versteht sich aber dennoch als Wissenschaft; als Kunst und Wissenschaft, wie Berg mehrfach betont (vgl. z. B. 1993b, S. 22). Deshalb sieht sich die Lehrkunst als eine Ergänzung bisheriger didaktischer Entwicklungen: „Didaktik heißt auch Lehrkunst", präzisiert Schulze (1995a, S. 51).

Gelebte Praxis: Lehrkunst als Meisterlehre

„Dank Wagenschein", den er nicht nur als Gewährsmann, sondern als Bewahrer traditioneller und Wiederbegründer moderner Lehrkunst in den Mittelpunkt seiner Überlegungen stellt – „Dank Wagenschein", schreibt der Marburger Schulpädagoge *Berg* (1993b, S. 27), „ist wieder sichtbar geworden: Jeder der drei historischen Großmeister der Didaktik – *Comenius, Diesterweg, Willmann* – war zugleich Meister und Magister, war Lehrmeister und Lehrwissenschaftler, hat selber gelehrt und Lehrgänge, Lehrstücke, Lehrwerke verfaßt und hat zugleich Lehrtheorien oder Lehrregeln aufgestellt."

Damit ist das Thema des lehrkunstdidaktischen Ansatzes vorgegeben, werden seine Ziele deutlicher: „Nach diesen maßgeblichen, klassischen Didaktikern ist das Leitbild akademischer Didaktikstudien und Didaktikübungen nicht der Nichtskönner und Besserwisser, sondern der Könner und Kenner, der *didacticus doctus* entsprechend dem *medicus doctus* und *poeta doctus*." (ebenda)

Der Bezug auf die Altmeister der Lehrkunst, der didaktische Ansatz als Meisterlehre impliziert mindestens dreierlei:

- Das Vor-Machen durch die Alten und das Nach-Machen durch die Jungen wird in den Vordergrund der didaktischen Ausbildung gerückt. Damit wendet sich der Blick – wie *Berg/Schulze* (1995) sagen – von den bloßen Strukturen, von einer formalistischen Betrachtungsweise des Unterrichts hin zu konkreten, zu praktischen Erfahrungen, zur Reflexion von tradierten Erfahrungen und zum Erwerb eigenen, neuen Erfahrungswissens durch (Nach-)Vollzug.

- Das Repertoire der Meister wird in den didaktischen Lehrstücken zum Gegenstand der Reflexion und zum Anlaß des (Nach-)Tuns genommen. Didaktische Lehrstücke sind überlieferte Berichte über Unterrichtsinszenierungen oder Lehrbücher zum Beispiel von *Faraday*, (1860/1979), *Rousseau* (1771/1979), *Quintilian* (95/1972), aber auch von *H. v. Hentig* (1957/1985). Über solche Lehrstücke wird das gegenwärtige didaktische Handeln wieder in seine Tradition gestellt. So soll deutlich werden, daß kaum eine Thematik modernen Unterrichts voraussetzungslos im Raume steht, sondern Teil eines „Traditionsstroms" *(Berg)* ist, von dem sie nur durch Unwissenheit entfernt, nie aber wirklich gelöst wurde. Das gilt in ähnlicher Weise für das methodische Handeln. So hat beispielsweise das gelenkte Unterrichtsgespräch als Teil des Frontalunterrichts seine Ursprünge in der antiken Rhetorik, speziell im Sokratischen Dialog. Und auch die verschiedenen Methoden des „offenen Unterrichts" sind ohne ihre reformpädagogischen Vorläufer nicht denkbar.

- Vor allem aber ist die Meisterlehre der Lehrkunstdidaktik inhaltsorientiert. „Im Mittelpunkt steht ein Lehrinhalt und eine damit verbundene Lehraufgabe". (*Schulze* 1995a, S. 60) Sie orientiert sich dabei an den wirklich großen Themen der Menschheit. „Menschheitsthemen" sagen *Berg/Schulze* (1995).

Lehrkunstdidaktik ist damit in zweifacher Weise eine Bildungsdidaktik: Sie orientiert sich an traditionellen Stoffen der Lehrkunst – *Berg* schwebt eine Entwicklungsgeschichte der Unterrichtsstoffe vor (vgl. 1984, S. 125 ff.). Im Vergleich der unterschiedlichen Inszenierungen der Stoffe untereinander und im Vergleich der historischen Bearbeitung mit der gegenwärtigen Ausgabe soll der Blick geschult werden für das Wesentliche – man könnte sagen: für den Gehalt des einzelnen Exempels. Zum anderen wird auf die Möglichkeit der Variation hingewiesen, die in Abhängigkeit von den jeweiligen Intentionen und Umständen vorgenommen werden kann, um so „die Praxis des didaktischen Denkens zu beeinflussen" *(Schulze* nach *Kesten* 1990, S. 148).

In einer zweiten Hinsicht stellt die Lehrkunstdidaktik die Inhalte des Unterrichts wieder in das Zentrum des Unterrichts. Sie betont besonders die Eigensubstanz, den Eigenwillen, die Traditionsgebundenheit und die prägende Kraft der unterrichtlichen Inhalte auf die Schüler. In diesem Klafkischen Sinne, im Sinne kategorialer Bildung also, auf die *Berg* (1984) sich ausdrücklich beruft, ist Lehrkunstdidaktik eine Bildungsdidaktik.

Dabei geht es nicht um die Vollständigkeit der Inhalte – das entspräche eher dem traditionellen Bildungsverständnis schulischer Lehrpläne – sondern um Exemplarität. Nicht um Aktualität, sondern um die auf den Grund gehende genetische Erkenntnis. Nicht um Rezeption des Vorgetragenen, sondern um Selbst-Denken, Selbst-Finden im Sokratischen Sinne. Diese drei Begriffe machen zugleich die wesentlichen methodischen Regeln der Lehrkunst aus, wie sie von Wagenschein übernommen wurden (vgl. z. B. 1968): Lehrkunstdidaktik ist zugleich sokratisch, exemplarisch und genetisch (vgl. *Berg* 1993b, S. 29 ff.).

Lehrstücke: Dramaturgie des Unterrichts

Zentrales Medium der Lehrkunst sind die schon genannten Lehrstücke. In Anlehnung an die in dem Begriff aufscheinende Theatersprache (Schaustücke, Theaterstücke) entwickelt der Bielefelder Erziehungswissenschaftler *Theodor Schulze* (1995b, S. 349 ff.) eine Lehrstückdramaturgie, in der das methodische Vorgehen der Lehrkunst genauer dargelegt und präzisiert wird.

Um ein Lehrstück zu kennzeichnen versieht *Schulze* es mit mehreren Merkmalen:

■ Es bezieht sich auf eine abgeschlossene Unterrichtseinheit, ausdrücklich nicht nur auf eine Schulstunde.

■ Es ist im Zusammenhang der jeweiligen Schule und des Lehrplans singulär, stellt eine Ausnahme dar, weicht vom üblichen Lehrbetrieb ab.

■ Und es befaßt sich mit Themen besonderer Art.

Am Beispiel der von *Michael Faraday* im Winter 1860/61 vorgetragenen „Lectures of the Chemical History of a Candle" (dt.: „Naturgeschichte einer Kerze", 1979), die eine Einführung in die Chemie am Beispiel einer Kerze in sechs Lektionen darstellt, werden weitere Merkmale deutlich.

bildend

In einem Lehrstück erschießt sich dem Lehrer wie dem Schüler über den vorhandenen Fachbezug hinaus zugleich ein Stück Welt, ein (neuer) Bereich menschlicher Tätigkeit. So verweist Faradays brennende Kerze, die realiter im Klassenraum steht, nicht nur auf chemische Prozesse, auf die Stoffumwandlung z. B., sondern auf „alle im Weltall wirkenden Gesetze …" (*Theophel, Faraday* zitierend, 1995, S. 288). Damit werden philosophische Probleme des Werdens und Vergehens aufgeworfen.

vielfältig

Die Produktionslinie der Lehrstücke, wie Schulze die Geschichte eines Lehrstücks von seiner (Wieder) Findung, über die Unterrichtsplanung bis zum Unterricht selbst nennt, verfolgt keinen systematischen Plan. Sie ist offen für – nicht in jedem Fall vorhergesehene – Lernvorgänge, bleibt offen für Variationen: Der Lehrer als Regisseur, die Schüler als seine Mitspieler; die vielen überlieferten Inszenierungen eines Stückes, die die vielen Möglichkeiten, die in einem Lehrstück stecken, dokumentieren. Für das Beispiel *Faraday* vgl. die beiden Inszenierungen (also Unterrichtsberichte) von *Klein* (1990) und *Theophel* (1995).

Damit unterläuft die Lehrkunstdidaktik explizit den Anspruch von Lehrplanern und Kultusbehörden auf Einheitlichkeit, auf Vergleichbarkeit der Unterrichtsarbeit. Sie ist in diesem Sinne „subversiv" *(Schulze* 1995, S. 369).

produktiv
Lehrstücke sind aber auch produktiv, und das ist vielleicht ihr wichtigstes Merkmal, insofern sie durch ihr Vor-Bild und ihre Nach-Bildung „anspruchsvollere Lehrer und Lernangebote" *(Schulze* 1995b, S. 384) erzeugen. Lehrkunst entwickelt die didaktische Phantasie der Lehrer; darauf verweist *Prange* (1986, S. 7).

Unterrichten: Lehrstücke produzieren

Die Beschreibung des Produktionsprozesses von Lehrstücken ist zugleich eine Beschreibung der Strukturen des didaktischen Handelns in der Lehrkunstdidaktik:

Die erste Stufe beginnt weit vor dem Unterricht. Sie weitet das Verständnis von Didaktik aus auf den Produktionszusammenhang und die Entstehungsgeschichte von Lernkultur. Sie besteht in dem Auffinden von Lehrstoffen (Menschheitsthemen). Lernfabeln, wie Schulze die Lernstoffe nennt, bieten sich immer an, wenn sie an ein kollektives Lernereignis, also solche Erkenntnisprozesse erinnern, die für den einzelnen Menschen oder gar für die ganze Menschheit von besonderer Bedeutung waren – und sind.

Am Beispiel der Faradayschen Kerze: Die in diesem Lehrstück dargelegte Existenz und Funktion des Sauerstoffs im Prozeß der Verbrennung erinnert an die Revolution der Chemie, die mit der Entdeckung des Sauerstoffs verbunden war. Das Thema kann damit im modernen Sinne ein Schlüsselthema der Menschheitsgeschichte sein. Solche Themen müssen nicht unbedingt historische sein, sondern können auch im Sinne des Schlüsselthemenkonzeptes von *Klafki* (vgl. 1985a) moderne, gegenwärtige sein und als solche neu entdeckt werden.

In einem zweiten Schritt muß das Lehrstück gestaltet werden, also eine schriftliche Planung des Unterrichts als Festlegung der inhaltlichen und methodischen Grundstruktur vorgenommen werden. Dabei werden unter anderem Handlungssituationen (Unterrichtssituationen) und Handlungsräume (im wörtlichen Sinne z. B. die Gestaltung des Klassenraumes) und der zeitliche Aufbau festgelegt.

Die gesamte Planung läuft auf die Evozierung des fruchtbaren Moments von Bildung im Sinne *Copeis* heraus, auf den Selbst-Bildungsprozeß der Schüler im Moment der Erkenntnis. Insofern kann das Ergebnis, können die einzelnen Festlegungen nicht strikt und unabdingbar sein. Lehrstücke dienen letztendlich der „Einwurzelung" der Erkenntnis in die Persönlichkeit der Schüler, wie Schulze in Anlehnung an Wagenschein den Prozeß der Bildung beschreibt.

In einem dritten Schritt schließlich wird das Lehrstück inszeniert, wird gelehrt, wird unterrichtet.

Dabei wird das Stück für die besondere Situation der Schule, der Klasse, der Lehrer eingerichtet. Schließlich muß es von Lehrern und Schülern gemeinsam gespielt werden und müssen sich Schüler wie Lehrer über den Erfolg ihrer Inszenierung verständigen. Da es darüber hinaus ein wichtiges Anliegen der Lehrkunstdidaktik ist, durch beispielhafte Inszenierungen die Schulkultur insgesamt zu verändern, sollen die einzelnen Unterrichtsinszenierungen für andere Lehrer zugänglich dokumentiert, ausgewertet und in gemeinsamen Workshops weitergegeben werden. Sie werden so zu einem Teil des didaktischen Traditionsstroms.

Kunstlehre: Die Lehrerpersönlichkeit entwickeln – Die Regeln der Kunst

Die Tradition der Lehrkunst insgesamt wie die Lehrstücke im einzelnen bergen – ausgesprochen oder nicht – eine Fülle didaktischer Regeln, die es zu entdecken, zu formulieren und schließlich auch zu beherzigen gilt. Sie sind ein Teil der Meisterlehre. *Berg* verweist in diesem Zusammenhang an mehreren Stellen auf Wagenschein und vor allem auf Diesterweg. Dieser hatte in seinem „Wegweiser zur Bildung für deutsche Lehrer" (1851/1958) eine große Zahl von Regeln des Lehrens aufgestellt. Etwa derart: „Richte Dich bei der Wahl der Lehrform nach der Natur des Gegenstandes" (S. 134) oder „Betreibe mit deinen Schülern die Gegenstände mehr nach- als nebeneinander" (S. 144).

Diese und ähnliche Regeln, freilich in unsere heutige Zeit übersetzt, soll der (angehende) Lehrer nicht durch bloße Rezeption, sondern durch Nach-Denken und Nach-Vollzug der Lehrstücke selbständig erarbeiten. Sie sind indessen nicht Gegenstand der Lehrkunstdidaktik in ihrem gegenwärtigen Entwicklungsstand. Insofern ist die Lehrkunstdidaktik (noch) keine Kunstlehre.

Diese kann sie auch nur werden, wenn sie die Regeln und deren Anwendung als einen Teil des didaktischen Könnens benennt, expliziert und beispielhaft entfaltet. Insofern würde die Persönlichkeit der Lehrer nicht nur im emphatischen, allgemeinen Sinne gefördert, sondern in einem sehr konkreten Sinne durch die Beschreibung und Vermittlung eines Inventars pädagogischer Kompetenzen. Das Konzept des „Pädagogischen Könnens" *(Ecke* 1981), das die DDR-Didaktik über weite Strecken prägte, könnte hier eine Brücke zwischen der angestrebten Stärkung der persönlichen Fähigkeiten der Lehrer und der – gelebten – Praxis schlagen. Indem nämlich Können als persönliche Eigenschaft gesehen und gleichzeitig an eine je konkrete Tätigkeit gebunden wird (vgl. dazu *Flach* 1986), ermöglicht ein solches Konzept, über die Analyse einer Praxis auf das Können, auf die pädagogische Kompetenz der Lehrer zurückzuschließen und zu wirken, also genau das zu tun, was die oben beschriebene Lehrkunstdidaktik zwar anstrebt, aber nur bedingt einlöst.

Um die Lehrkunstdidaktik für die Lehrerbildung fruchtbar zu machen, muß eine Theorie, eine Systematik pädagogischer Kompetenzen entwickelt und an die gelebte Praxis (der Lehrstücke) angelegt werden. Flach unterscheidet zwischen Kenntnissen, Fertigkeiten und Gewohnheiten, die ihrerseits noch spezifiziert werden, z.B. in Sach-, Verfahrens-, Normen- und Wertkenntnissen (vgl. 1986, S. 19 ff.). Leider ist mit der politischen Wende dieser Ansatz (zunächst) verschüttet worden.

Auf die Ebene des Könnens und der Persönlichkeitsentwicklung der Lehrer zielt auch das Buch über das „Unterrichten-Können" des Österreichischen Schulpädagogen *Leopold Kratochwill* (1992). Das Können ist für ihn unmittelbar an die Person der Lehrer gebunden. „Nur wer im

Tiefsten seiner ‚Seele' wirklich unterrichten will und deshalb lernt, unterrichten zu können, ist ein Lehrer!" So beschreiben die Herausgeber der Reihe die Intentionen des Autors, der sich selbst in die Tradition der Lehrkunst stellt (*Meyer/Winkel* 1992, S. V) .

Der Ansatz von Kratochwill ist freilich dem von Berg/Schulze entgegengesetzt. Indem nämlich Erkenntnisse und Ergebnisse der Unterrichtswissenschaft dargestellt und in Beispielen auf das Unterrichten bezogen werden, wird die Praxis zum beliebigen und eben nicht vorbildlichen Beispiel. Seine Darstellungen über die notwendigen Fähigkeiten der Lehrer können allerdings einen wichtigen Beitrag zur systematischeren Beschreibung des Lehrer-Könnens liefern.

Kritik

Die Lehrkunstdidaktik provoziert gleich mehrere kritische Einwände, die ihre grundsätzliche Bedeutung indessen nicht schmälern:

- Die aus der didaktischen Tradition gewonnenen und für lehrwürdig erachteten Unterrichtsstoffe für Themen (Menschheitsthemen) haben einen eigentümlich überzeitlichen und damit auch unnahbaren Charakter. Die vorgelegten Exempel (vgl. vor allem *Berg/Schulze* 1995) sind zu weit entrückt und auch wohl zu schön, um eine nachhaltige Verbesserung der aktuellen Unterrichtspraxis bewirken zu können. Die Anregung der Autoren, neue, gegenwärtige Lehrstücke zu schreiben, sollte aufgegriffen werden.

- Die Relevanz der Lehrstücke erschließt sich häufig nur dem ausgebildeten Traditionsbewußtsein. Diese zu vermitteln aber muß Aufgabe der Lehrerbildung vor der Vermittlung der Lehrkunst erst noch sein.

- Trotz gelegentlicher gegenteiliger Behauptung (*Schulze* bezeichnet die Schüler als Mitspieler der Lehrstückinszenierungen und nicht nur als Zuschauer) ist der Lehrer nicht nur Regisseur, sondern auch Hauptdarsteller des Stückes. Der Abschnitt über die Aufführung des Lehrstücks – also den Unterricht – in *Eberhard Theophels* Bericht über „die Kerze nach Faraday" (1995) beginnt verräterisch (?) typisch (?) so: „Die Schüler werden entgegen der bisher üblichen

Praxis nicht an der Vorplanung beteiligt" (S. 291). An dieser Stelle gerät die Lehrstückkonzeption in Gefahr, eine wichtige Errungenschaft der doch so sehr gescholtenen Didaktiken der vergangenen zwanzig Jahre zugleich mitaufzugeben: die Beteiligung der Schüler als gleichberechtigte Subjekte am Unterrichtsprozeß.

■ Die begrenzte Einsetzbarkeit der Lehrstücke im Alltag der Schule (*Schulze* spricht von ihrem Inselcharakter) unterläuft ihren eigenen Anspruch, die Schulkultur insgesamt zu verändern. Um diesem Anspruch gerecht zu werden, müßte eine Transformation auf die Bedingungen alltäglichen Unterrichts geleistet, ihr der Charakter einer neuen „Feiertagsdidaktik" genommen werden.

■ Schließlich muß der Begriff der Lehrkunst in bezug auf die Persönlichkeitsbildung der Lehrer eingehender als bisher geklärt werden. Handelt es sich dabei um, wie Berg und Schulze nahelegen, die Beschreibung der Kategorien eines Bildungsprozesses (für Schüler wie für Lehrer) oder eher um die Beschreibung eines methodischen (weil letztendlich handwerklichen) Repertoires wie *Oelkers/Prior* (1982, vgl. S. 61) meinen.

■ In jedem Fall muß die Brücke zur Kunstlehre, zur Entwicklung didaktischer Regeln und Entfaltung des pädagogischen Könnens als Teil des Lehrerseins geschlagen werden.

Die Person stärken

Schülerorientierte didaktische Ansätze zu einer neuen Lernkultur

Schülerorientierung als Persönlichkeitsentwicklung

Mit der Proklamation der „Pädagogik vom Kinde aus" hat die Reformpädagogik das Prinzip der Schülerorientierung in die didaktische Diskussion eingeführt. Im Zentrum aller reformpädagogischen Bemühungen steht die Bildung der Persönlichkeit der Schüler zu freiem, selbständigem Handeln. Auch die schülerorientierten Didaktiken der 70er Jahre, die daran anknüpfen, stellen die Persönlichkeitsbildung in den Mittelpunkt des Unterrichts (vgl. *Einsiedler/Härle* 1976, *Schmaderer* 1976, *Wagner* 1976). Die Unterrichtsinhalte treten in den Hintergrund.

Wichtige Lernziele liegen sowohl im Bereich der Selbstkompetenz, zum Beispiel Angstbewältigung, Selbsterfahrung und Selbststeuerung, als auch im Bereich der Sozialkompetenz, zum Beispiel prosoziales Verhalten, Fähigkeiten der Konfliktbewältigung, begründeter Umgang mit Normen (vgl. *Petri* 1993). *Wagner* nennt Ziele wie „Selbstvertrauen und gleichzeitige Offenheit anderen gegenüber ... Realismus, Initiative und Engagement, Freiheit von Status- und Hierarchiedenken, Fairnis, Freundlichkeit, emotionale Anteilnahme" (1976, S. 23).

Die Persönlichkeitsentwicklung der Schüler soll vor allem durch eine Anbindung an die humanistische Psychologie ermöglicht werden. Dazu zählt die Gestaltpsychologie *F. Perls* ebenso wie die themenzentrierte Interaktion *Ruth Cohns,* das Psychodrama *(Moreno)* in gleicher Weise wie die Theorie der Transaktionsanalyse von *Berne* (vgl. *Quitman* 1985). Als Gewährsmann der humanistischen Psychologie gilt *Carl Rogers.* Rogers unterscheidet zwei Arten von Lernen. Eines, das „vom Hals an aufwärts" geht und keine besondere Bedeutung für den Menschen und damit für seine Persönlichkeitsentwicklung hat. Davon unterschieden ist ein „signifikantes Lernen", das, auf je individuellen Erfahrungen ruhend, für den einzelnen bedeutungsvoll wird (1974).

Zentral in diesem Zusammenhang ist der Begriff der Selbstverwirklichung, verstanden als ständige Aktualisierung und Entwicklung von latenten, im Menschen ruhenden oder verborgenen Fähigkeiten und Talenten.

Die Konzepte des schülerorientierten Unterrichts sind bisher freilich in eigenartiger Weise folgenlos geblieben. Der Frontalunterricht dominiert das Unterrichtsgeschehen (vgl. *Meyer* 1987, S. 58); das im Unterricht vermittelte Wissen ist immer noch weitgehend vordefiniert und in hohem Maße strukturiert (vgl. *Posch* 1989, S. 334). Und auch nach jahrelangem Ringen um die Veränderung der Schulen wird von den meisten Schulpraktikern und -theoretikern der Unterricht als lebensfern, handlungsarm und entsinnlicht beschrieben (vgl. *Klemm u. a.* 1986, S. 11).

Neben den eher praktisch-technischen Gründen einer mangelnden Umsetzung des Prinzips der Schülerorientierung wie z. B. größerer Vorbereitungsaufwand für die Lehrer, Defizite in der Lehrerbildung und der Methodik (vgl. auch *Petri* 1993, S. 130 ff.) liegt eine Hauptursache für die Dominanz lehrerorientierter Unterrichtskonzepte – so meine These – in einem spezifischen Mangel schülerorientierter Didaktiken: Auch sie vermögen die Subjekthaftigkeit der Schüler im Unterricht nicht wirklich einzulösen, weil sie das unterrichtliche Handeln, wie schon die Reformpädagogik zuvor (vgl. das erste Kapitel), letztendlich an die Initiative und Steuerung durch die Lehrenden binden.

Die Gründe hierfür liegen vor allem in den institutionellen Bedingungen schulischen Lernens, so zum Beispiel in den Formen der Lernleistungskontrolle, die schülerbestimmtes Lernen behindern.

Wenn darüber hinaus das methodische Inventar isoliert von den Inhalten dargeboten wird und in erster Linie Beziehungsprozesse im

Unterricht thematisiert werden (vgl. beispielhaft *Wagner* 1977), wird die immer schon vorhandene Dominanz der Inhalte entgegen der ausdrücklichen Intention eher noch bestärkt. Denn erst der realisierte Zusammenhang von Inhalt und Methode vermag den ganzen Unterricht – mithin auch seinen inhaltlichen Teil – auf die Entwicklung der Schülerpersönlichkeit zu konzentrieren.

Subjektorientierte Verfahrensweisen in ansonsten lehrerdominierten Ansätzen wirken eher aufgesetzt. Dies zeigt zum Beispiel das Hamburger Modell zur Unterrichtsplanung von *Wolfgang Schulz* (1980): Hier wird die themenzentrierte Interaktion von *Ruth Cohn* – also ein Konzept der humanistischen Psychologie – zwar an prominenter Stelle zur gemeinsamen Planung von Unterrichtseinheiten durch Lehrer und Schüler eingesetzt; gleichzeitig aber formulieren die Lehrenden (professionals, sagt Schulz) nicht nur die wichtigen Fragen und Ziele, sondern sind außerdem gebunden an Forderungen extern formulierter Lehrpläne, an institutionelle Festlegungen und Einschränkungen.

Die neue Lernkultur

Das Dilemma, in das auch Wolfgang Schulz geraten ist, bringt *Claudio Hoffmann* (1992, S. 113) auf den Punkt: „Die Pädagogik nach alter Tradition geht weder vom Lehrer noch vom Kinde aus, sondern von denen, die Lehrer einstellen, bezahlen und abwickeln". Das gleiche gilt für die didaktische Frage nach den Inhalten und Methoden: „Lehrer haben durchzuführen, umzusetzen, anzuwenden, zu vermitteln, wonach Kinder sich zu richten haben. Was bleibt von der Pädagogik für Kinder, Lehrerinnen und Lehrer sonst noch übrig?" (ebenda)

Notwendig ist deshalb, so die Vertreter einer personenorientierten Didaktik, der Aufbruch zu einer neuen Lernkultur *(Krapf* 1992), die das gesamte Spektrum didaktischen Handelns umfaßt. Sie ist der Antityp zu Drill, Festlegung von außen, Vereinheitlichung des Lernens, staatlicher Lehrplanherrschaft.

Der Freiburger Didaktiker *Edmund Kösel* nennt eine solche Lernkultur die „Selbstverwirklichungs-Lernkultur", weil es in ihr um die Selbstverwirklichung des einzelnen Subjekts im Rahmen neuer gesellschaftlicher Zusammenhänge geht: „In einer solchen Lernkultur wird Lernen zum Mittel der Selbstbildung" (1993, S. 354). Die „subjektive Didaktik" von Edmund Kösel, die jene neue Lernkultur prägt, geht von einem Lehr- und Lernbegriff aus, in dem die Selbsttätigkeit der Lernenden nicht Ziel des Lehrens ist, sondern seine Bedingung. „Lehren", schreibt *Krapf* (1992, S. 16) „ist die Fähigkeit und Bereitschaft, den Menschen, an denen uns gelegen ist, die Freiheit zu lassen, zu lernen, was sie lernen wollen, gleichgültig, ob wir uns damit identifizieren können oder nicht."

Subjektive Didaktik

Wie sieht eine Didaktik aus, deren Freiheitsanspruch in bezug auf Lehren und Lernen jedem Schulplaner vermutlich die Zornesröte ins Gesicht steigen läßt? Welches sind ihre Elemente, welches ihre theoretischen, welche ihre institutionellen Voraussetzungen? Was sind ihre Zielsetzungen?

Grundsätze

Die vielleicht wichtigste Aussage dieses Ansatzes ist, daß jeder, also auch der Schüler, für sein eigenes Lernen verantwortlich ist. Diese Verantwortung kann ihm nur um den Preis der Fremdbestimmung abgenommen werden.

Eine Konsequenz aus dieser Aussage ist, daß Lehrer und Schüler als gleichberechtigte Partner im Lernprozeß zusammenkommen. Diesem Grundsatz entsprechend formuliert Kösel, daß „jeder am Lernprozeß Beteiligte seine eigenen didaktischen Modellierungsinstrumente (das sind z.B. Kenntnisse über bestimmte Methoden, G.H.) besitzen und sie entsprechend seiner biographischen Verfaßtheit anwenden" muß (1993, S. 27).

Ein anderer Grundsatz besagt, daß zwischen einem inhaltlichen und einem persönlichkeitswirksamen Teil des Lernens nicht unterschieden werden kann. Lernen wird als ganzheitlicher Prozeß verstanden, der erst dann vollständig ist, wenn es einen persönlichen Aneignungsprozeß durchlaufen hat; insofern wirkt Lernen bis in das Verhalten der Lernenden hinein und ist immer auch persönlichkeitswirksam.

Aus diesen beiden Grundsätzen ergibt sich gleichsam zwangsläufig ein dritter Grundsatz, der besagt, daß weder der Anfang eines Lernprozesses noch sein Weg und erst recht nicht das Ergebnis vorausbestimmt werden kann. Lernen wird verstanden als eine höchst individuelle, von biographischen Erfahrungen und je individuellen Erwartungshaltungen geprägte Tätigkeit, auf die der Lehrer nur sehr vermittelt Einfluß zu nehmen vermag. Die alte „input-output-Didaktik" (Kösel) muß vom Mythos des direkten Einflusses und der Machbarkeit von Lernprozessen Abschied nehmen.

Voraussetzungen

Die wissenschaftlichen Voraussetzungen dieser neuen, subjektbezogenen Sichtweise der Didaktik entwickelt Kösel aus der Systemtheorie, dem radikalen Konstruktivismus und der humanistischen Pädagogik (zur humanistischen Pädagogik vgl. *Buddrus* 1995).

Gesellschaftstheoretisch werden vor allem die Individualisierungstendenzen der Postmoderne, wie sie z. B. von *Beck* (1986) beschrieben werden, herangezogen, um die Notwendigkeit eines radikal individualisierten Lernens zu begründen. Die Stichworte sind: Pluralität der Werte, multikulturelle Gesellschaften, individuelle Lebensstile.

Zur Konstruktion des Subjektbegriffes und zur Re-Konstruktion eines entsprechenden Lernbegriffs bedient sich die subjektive Didaktik vor allem der Systemtheorie nach *Maturana/Varela* (1987), des radikalen Konstruktivismus (u. a. *Schmidt* 1992) und der Habitustheorie nach *Bourdieu* (1987).

Im Gegensatz zu hermeneutisch orientierten und empirisch-analytischen Ansätzen der Didaktik betont die systemisch orientierte subjektive Didaktik nicht nur die Vielfalt der didaktischen Handlungen, sondern vor allem den Widerspruch zwischen den Vorgaben der objektiven Welt und dem Anspruch der Subjekte. Sie macht diesen Widerspruch zur notwendigen Grundlage des Lernprozesses.

Da jeder Mensch prinzipiell autonom ist und sich als lebendes Wesen seine eigene Realität schafft, die nur bedingt mit der anderer Menschen kongruent ist, können Lernprozesse von außen kaum gesteuert werden. Da der Prozeß der Erkenntnis zudem noch abhängig ist von den Vorerfahrungen der einzelnen (strukturell determiniert sagen die Systemtheoretiker), können die gewonnenen Einsichten (Resultate des Lernens) überhaupt nicht identisch sein. Der Glaube der Didaktiken an die Gleichartigkeit der Lernergebnisse ist ein Mythos, eine Fiktion.

Mit Hilfe des radikalen Konstruktivismus destruiert Kösel darüber hinaus den Glauben an absolute Wahrheiten und objektive Realitäten (S. 47 ff.), um so zu begründen, warum jedes Subjekt Verantwortung für sein eigenes Handeln also auch für sein Lernen übernehmen muß. Indem Lehrer wie Schüler sich bewußt machen, daß „jeder Mensch anders wahrnimmt, denkt, fühlt, handelt und lernt, können wir nicht umhin, uns gegenseitig in unserem Universum anzuerkennen" (S. 55), mit der Folge, daß jeder wieder in seine eigene Verantwortung treten und so zur personalen Autonomie gelangen kann.

Mit Hilfe der Habitustheorie nach *Bourdieu,* die eine Sozialisationstheorie ist, wird die gesellschaftliche Strukturdeterminiertheit des Menschen, seine nicht hintergehbare Abhängigkeit von früheren Lernprozessen, von Vorerfahrungen und gesellschaftlichen Einflüssen herausgearbeitet.

Die didaktischen Konsequenzen der genannten wissenschaftlichen Bezugstheorien sind offensichtlich:

Autonomes Lernen läßt sich nicht festlegen und vorausbestimmen. Als Lehrer vermag ich dem Lerner lediglich Lernangebote zu machen und angemessene Kontexte zu schaffen, in denen individuelles Lernen, das die ganze Person einbezieht, stattfinden kann.

Didaktisches Handeln wird somit zur „Modellierung von Lernwelten", in denen der Lerner eigenständig handelt.

Zu den Bezugsdisziplinen, mit denen das didaktische Handeln aufgeklärt und gerichtet werden kann, gehören all jene, die nicht nur einzelne Bereiche des menschlichen Handelns betreffen, sondern ein ganzheitliches, integratives Modell von Geist, Seele und Körper entwerfen (vgl. *Kösel* 1993, S. 71 ff.; *Buddrus/Pallasch* 1995). Dies sind zum Beispiel Theorien über körpergebundenes Lernen (etwa Biogenetik),

Theorien der Wahrnehmung und integrierte Persönlichkeitstheorien, wie Transaktionsanalyse, Neurolinguistische Programmierung (NLP), Psychodrama, die Gestaltpädagogik und die Interaktionspädagogik und nicht zuletzt Theorien der Kommunikation, die die Frage nach der Verständigung der am Lernprozeß Beteiligten beantworten.

Die didaktische Spirale

Entsprechend der Auffassung, daß im Unterricht autonome Subjekte miteinander das Verständnis einer Sache aushandeln, wird die Struktur des Unterrichts durch drei Basiskomponenten beschrieben:
- die *Ich-Komponente,* d. h. die biographische Struktur des Ich;
- die *Wir-Komponente,* d. h. die soziale Dimension der Lerngruppe und
- die *Sach-Komponente,* d. h. die Struktur der Sache.

Da diese drei Komponenten vielfach aufeinander verwiesen sind, wird das altbekannte didaktische Dreieck (Lehrer, Schüler, Inhalt) ersetzt durch eine an den Aushandlungsprozessen der beteiligten Persönlichkeiten orientierte didaktische Spirale (vgl. Abbildung).

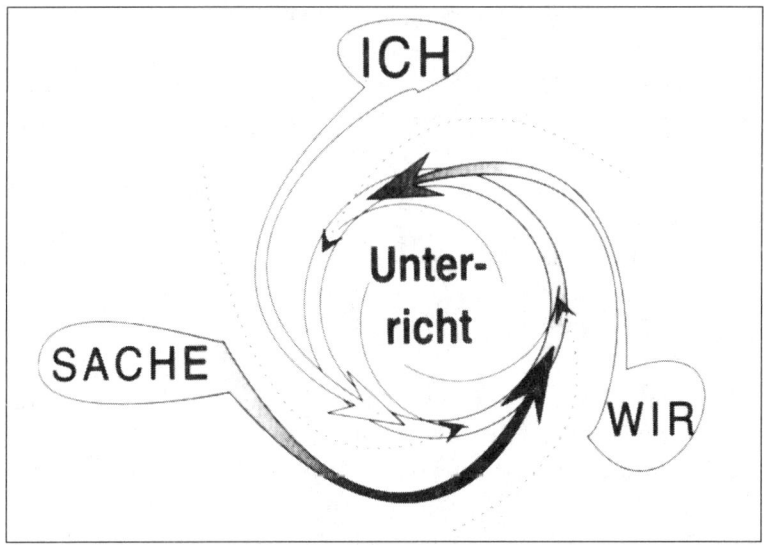

Die „Didaktische Spirale" aus: E. Kösel 1993, S. 166

Die spezifische Persönlichkeitsorientierung des subjektiven Ansatzes wird deutlich, wenn man seine Strukturmerkmale mit den Strukturmomenten des Unterrichts in der lehrtheoretischen Didaktik vergleicht *(Heimann/Otto/Schulz* 1965).

An die Stelle der Frage nach den anthropogenen Voraussetzungen des Unterrichts tritt in der subjektiven Didaktik die Frage nach den biographischen Vorgeschichten des Unterrichts zum Beispiel über biographische Selbstreflexionen von Lehrern, aber auch von Schülern. Sie helfen u.a. klären, mit welchen Widerständen und Ängsten, Vorlieben und Neigungen jemand an das Lernen und Lehren oder an ein bestimmtes Thema herangeht. An die Stelle der Analyse soziokultureller Voraussetzungen des Unterrichts (Alter, Geschlecht, Konfession etc.) bei *Heimann/Otto/Schulz* treten Fragen nach den sozialen Normen, den Interaktions- und Kommunikationsweisen und der Möglichkeit von Verständigung im Unterricht. Aber auch Fragen, wie je individuelle oder gruppenspezifische Eigenarten, Vor-Erlebnisse, Fehl-Entwicklungen oder Beeinträchtigungen sich auf den Unterricht auswirken.

An die Stelle der scheinbar objektiv abzuhandelnden Frage nach der Sachstruktur unterrichtlicher Inhalte (Sachanalyse bei *Klafki)* treten Fragen der Lehrer danach, ob sie ihr Wissen als absolute oder relative Wahrheit vermitteln, ob das zu vermittelnde Wissen dem ontischen Bereich oder z.B. dem Alltagswissen oder etwa dem Offenbarungswissen entspringt. Aber auch Fragen, wie Wissen mit Erfahrungen und Empfindungen zusammengebracht werden kann, welches die eigenen subjektiven Präferenzen sind, werden gestellt. (vgl. dazu *Kösel* 1993, S. 169 ff.).

Didaktische Prinzipien

Zu den oben genannten drei Bereichen des didaktischen Handelns kommen Prinzipien hinzu, die die Individualität, Differenziertheit und Flexibilität des Lernens sichern sollen (vgl. *Kösel* 1993, S. 186 ff.).

So ist im *Ich*-Bereich darauf zu achten, daß jeder Schüler unterschiedlich nahe zur behandelten Sache steht. Denn die je unterschiedliche Nähe läßt erst fruchtbares gemeinsames Lernen zu. Ebenso gibt es keine objektiven Zeitstrukturen des Lernens. Jeder Lerner hat Anspruch auf „seine" Lernzeit. Für den Lehrer folgt daraus, daß er von der Haltung Abschied nehmen muß, allein für das Lernen verantwortlich zu sein. Nur dann ist er in der Lage, dem Lernenden ein großes Potential an eigenorganisiertem Lernen zuzutrauen.

Im *Wir*-Bereich gilt beispielsweise das Prinzip, daß das (eigene) Bewußtsein abhängig ist von der Grundeinstellung zur Gesellschaft und zur Welt. Daraus folgt, daß die Lehrer reflektieren sollen, „welche authentischen Botschaften ihrer gesellschaftlichen (Sichtweisen) sie den Lernenden geben wollen und welche sie ggf. kritisierbar machen sollen"(S. 208).

Im Bereich der *Sache* gilt bespielsweise das Prinzip, daß jeder Mensch Wissen nur aufgrund eigener Vorerfahrungen generieren kann. Für den Lehrer heißt das, daß er jeden Lernenden mit der Sache in je eigener Weise umgehen lassen muß, daß Wissen nur dann verallgemeinert werden kann, wenn nach je unterschiedlicher Lernzeit ein Konsens darüber hergestellt worden ist.

Für die Leistungsmessung und Leistungsbeurteilung folgt aus der Subjektivierung des Lernens, daß dies prinzipiell ein Kommunikationsprozeß sein muß, in dem sichergestellt wird, daß die Kriterien der Bewertung, die Ergebnisse und die Verfahren gegenseitig anerkannt werden.

Das wichtigste Prinzip des subjektiven, schülerorientierten didaktischen Handelns aber ist das „Prinzip der Balance" *(Kösel* 1993, S. 227), das sicherstellen soll, daß ein Gleichgewicht zwischen den Basiskomponenten des Unterrichts (Ich/Wir/ Sache) entstehen kann. Wichtig ist dieses Prinzip der Balance deshalb, weil es das didaktische Handeln auf jene Bereiche des Unterrichtes als gleichberechtigte Hauptsachen verweist, die in den traditionellen Didaktiken an den Rand gedrängt und als Ausnahmeaspekte gehandelt werden: die Persönlichkeitsentwicklung und die Gruppenprozesse.

Methoden

Zu allen Bereichen des Unterrichts werden Methoden benannt, die zum Teil – vor allem im Sachbereich – bekannt sind (Üben/Wiederholen, Visualisieren etc.), die aber in anderen Bereichen auch neu und überraschend sind. Möglicherweise rufen sie auch Abwehr hervor, weil sie den genannten psycho-sozialen Konzepten, Theorien und vor allem Therapieansätzen der humanistischen Psychologie entstammen, die in der traditionellen Didaktik so gut wie unbekannt und auch nicht unumstritten sind (vgl. z. B. zur Kritik der Neurolinguistischen Programmierung *Gruschka* 1995).

Auch stehen Methoden unterschiedlicher Herkunft relativ unverbunden nebeneinander. So steht z.B. die Skriptanalyse aus dem Bereich der Transaktionsanalyse (es geht dabei um die Analyse des eigenen Lebensplanes) neben der Methode des Rollentausches aus dem Bereich des Psychodramas. Im Ich-Bereich finden sich Methoden zur Analyse des Vorverständnisses des Lerners, also Methoden der biographischen Selbstreflexion, die z. B. zu Themen wie „meine Kindheit", „meine Mutter", „meine echten und unechten Gefühle" durchgeführt werden können, neben solchen, die die individuelle Aneignung von Wissen erleichtern können; etwa Methoden der Selbstentspannung (z. B. Meditation), Erwärmung (z. B. Phantasiereise) und der emotionalen Verknüpfung (z. B. Bildung von Ritualen).

Auch im Wir-Bereich wird Bekanntes mit Unbekanntem verknüpft. So treten Interaktionsspiele neben Gruppenkontrollverfahren (z. B. Blitzlicht) und Präsentationstechniken neben Projekte.

Einen besonderen methodischen Schwerpunkt gewinnt die subjektive Didaktik aus der Hemisphärentheorie, die die unterschiedlichen Leistungen der rechten und linken Gehirnhälften thematisiert und erforscht (z. B. *Blakeslee* 1982). Ihre These: Bei mangelhafter Koordination der beiden Hirnhälften kommt es zu Lernstörungen; ein bewußter Ausgleich im Unterricht vermag sie zu beheben.

Die neue Schule

Die „Selbstverwirklichungs-Lernkultur" *(Kösel)* könnte in Anlehnung an *Krapf* (1993, S. 252 ff.) folgendermaßen zusammengefaßt werden:
- Ziele: Selbstwerdung und Selbstverwirklichung in der menschlichen Gemeinschaft;
- Voraussetzungen: Demokratisierung von Planung
- Durchführung und Beurteilung: Gleichberechtigung aller Beteiligten
- Merkmale: Es gibt so viele Lernprogramme wie Schüler; auch die Lernwege sind unterschiedlich. Die Verantwortung für das Lernen, für den Lernfortschritt ist auf alle verteilt, wie überhaupt im Mittelpunkt des Unterrichts das Lernen (und eben nicht das Lehren) steht.

Eine so verstandene Lernkultur setzt freilich eine Veränderung der Schule als Institution voraus. Die Debatte um die Autonomie von Schule und besonders die Autonomie der Lehrplanung (vgl. *Heursen* 1994a/b) gewinnt hier ihren systematischen Stellenwert, wendet sich an dieser Stelle zurück auf die didaktische Diskussion. Vor allem muß die Schule als Institution akzeptieren und lernen, daß heute ihre wichtigste Aufgabe darin besteht, die Voraussetzungen für (sinnvolles) Lernen überhaupt erst zu schaffen.

Kritik

Das besondere Verdienst der personenorientierten Didaktiken liegt darin, auf zwei Bedingungen des Lernens hingewiesen zu haben, die in der gegenwärtigen Schule zu wenig Beachtung finden: Zum einen auf die Individualität des Lernens und – damit verbunden – darauf, daß die Lernwege in den Personen sehr viel weitergehender festgelegt und vorgeprägt sind, als es die traditionelle Didaktik zu denken vermochte. Zum anderen haben diese Konzepte immer wieder darauf verwiesen, daß jedem Lehrer der eigene Lehrstil, eine eigene Didaktik zuzubilligen ist.

Bis zu einer breiten Akzeptanz vor allem der subjektiven Didaktik ist es jedoch noch ein weiter Weg. Zuvor mussen noch einige (kritische)

Fragen beantwortet werden. Es sind vor allem Fragen bezüglich der wissenschaftstheoretischen Voraussetzungen der Systemtheorie und des radikalen Konstruktivismus sowie ihrer noch weitgehend ungeklärten gesellschaftstheoretischen Implikationen. Denn subjektive Autonomie muß nicht schon auch gesellschaftliche Autonomie sein. Solange dies nicht geklärt ist, besteht die Gefahr, daß in der konstruktivistischen Didaktik die Idee der Bildung zur bloßen Propagierung individueller Unterschiede im Lernen, zum reinen Konkurrenzlernen verkommt (vgl. auch *Kuhl* 1993).

Aber auch Fragen nach der wissenschaftlichen Dignität im Sinne von Begründung und Wirksamkeit der zugrunde gelegten psychotherapeutischen Ansätze und Methoden sind zu beantworten. Diese Ansätze müssen sorgfältig untersucht und auf ihre Brauchbarkeit für didaktische Zwecke weiter überprüft werden; vor allem aber müssen sie für den Alltag der gegenwärtigen Schule erst noch transformiert werden.

Die Sache vertreten

Wissenschaftsorientiertes Lernen
in der Bildungsgangsdidaktik

Wissenschaft und Leben

Vor gut 25 Jahren äußerte sich der Pädagoge *Heinrich Roth* besorgt über den Modernitätsrückstand schulischen Lernens. „Stimmen die deutschen Lehrpläne noch?" – so seine Frage 1968. Probleme sah er vor allem darin, daß die Inhalte des Lernens nicht den Erkenntnissen und der Entwicklung der Wissenschaften entsprachen.

Mit seiner Forderung nach „Verwissenschaftlichung der Schulfächer" setzte er eine Entwicklung in Gang, die unter das Motto „Weg vom Kinde, hin zur Sache" gestellt war. Die noch heute nachwirkenden Folgen sind bekannt. Unter der Maxime von der „Wissenschaftsorientierung allen Lernens", die der Deutsche Bildungsrat 1971 in seinem „Strukturplan für das Deutsche Bildungswesen" ausgab, wurde das Lernen weitgehend verfachlicht und in einem eingeengten Sinne verwisenschaftlicht.

In der Grundschule fielen ganze Fächer unter das Diktum der Volkstümlichkeit und verschwanden aus dem Fächerkanon (z. B. Heimatkunde). Dafür hielten Inhalte wie Mengenlehre und Transformationsgrammatik Einzug. In den Gymnasien wurden die Leistungskurse nicht selten auf universitäres Niveau gehoben. Kurse wie „das Lernverhalten der mongolischen Rennmaus" oder „die Anwendung des Skalarprodukts auf ein Approximationsproblem der Analysis" charakterisierten eine falsch – nämlich rein szientistisch – verstandene Wissenschaftsorientierung (zu weiteren Beispielen vgl. *Aschersleben, 1993* S. 92 ff).

Die unzulässige Trennung der Unterrichtsprinzipien Lebensweltorientierung und Wissenschaftsorientierung ermöglichte diese Entwicklung. Auf die Unzulässigkeit dieser Trennung hatte Roth selbst schon hingewiesen. Denn „was heute keiner Wissenschaft mehr erspart wird, nämlich ihren Lebensbezug mitzubedenken (d. h. ihre Folgen für Leben und Kultur mitzureflektieren und zu verantworten, die sie verursacht), das wird auch keiner Schule mehr erspart. In der Praxis des Lernens muß die Praxis des Lebens miterscheinen, so nur kann der Wechselbezug von Lernen und Tun, von Wissenschaft und Leben ins Blickfeld kommen." *(Roth* 1969, S. 534)

Heute stellt sich die Frage nach dem Zusammenhang von moderner Wissenschaft und Lebenswelt (vgl. auch *Schenk* 1984) um so eindringlicher, weil die Rückwirkungen der Wissenschaften auf die Lebenswelt nicht mehr unumstritten, die Wissenschaften selbst in die Krise geraten sind.

Für die Schule geht es heute darum, über „das widersprüchliche Nebeneinander von Integration und Desintegration der Wissenschaften in die gesellschaftliche Wirklichkeit" *(Böhme/v. Engelhardt* 1979, S. 7) aufzuklären und die wechselseitigen Abhängigkeiten und Beeinflussungen zu beleuchten und zwischen beiden zu vermitteln.

Wenn ich in diesem und im nächsten Kapitel trotz allem zwischen eher wissenschafts-und eher lebensweltorientierten Konzepten unterscheide, so geschieht das in Hinblick auf die Auswahl der Inhalte und ihre Systematik.

Die eher wissenschaftsorientierten didaktischen Ansätze sind in der Regel auf der Ebene der Lehrpläne und Curricula angesiedelt und folgen in Auswahl, Abfolge und Progression der Inhalte einer bestimmten, in der Regel (auch) an der Entwicklung bestimmter Fachwissenschaften orientierten Systematik; angestrebt wird ein rationaler Umgang mit wissenschaftlichem Wissen.

Die eher lebensweltorientierten Ansätze nehmen Alltagsprobleme des einzelnen oder der Gesellschaft, Schülererfahrungen und -erlebnisse zu Lernanlässen, um im Anschluß daran Fragestellungen und Problemlösungen zu erarbeiten.

Das didaktische Prinzip der Wissenschaftsorientierung

Zu der eingangs skizzierten schlechten Praxis wissenschaftsorientierten Unterrichts hat dessen dreifache Abspaltung geführt, nämlich:
1) von einer dem Unterricht in allen Fächern zugrundeliegenden gemeinsamen Bildungsidee,
2) von den Schülerinteressen, insofern sie die Bedeutung des Gelernten für sich nicht zu erkennen vermögen, und
3) von einem erkennbaren Anwendungszusammenhang.

Notwendig: Zusammenhang des Lernens

Ein wesentliches Motiv für die Einführung des wissenschaftsorientierten Unterrichts lag in der Absicht, den Kanon der Schulfächer und ihre Inhalte durch eine Anpassung an die Entwicklung und den Kenntnisstand der universitären Wissenschaften zu modernisieren. Das führte indessen nicht nur zu oft rigiden, abbilddidaktischen Konzeptionen in den einzelnen Unterrichtsfächern, sondern auch zu einer Abschottung der Unterrichtsfächer unter- und voneinander. Die wenigen gescheiterten Versuche, verwandte Disziplinen jeweils in einem Schulfach zusammenzubringen (Gemeinschaftskunde, Naturkundlicher Unterricht, Sprachunterricht) bestätigen diese Entwicklung.

Die „Verfachwissenschaftlichung des Gymnasiums" *(v. Hentig* 1981, S. 42) wurde erkauft mit dem Verlust eines bildungstheoretisch begründeten Zusammenhanges des schulischen Fächerkanons. Schüler, Oberstufenschüler zumal, warnt *Blankertz* schon 1977, treffen „immer seltener auf Menschen, die ihm den Gesamtzusammenhang alles dessen, was er lernen soll, glaubhaft präsentieren" (S. 333). Ein erneuerter wissenschaftsorientierter Unterricht, das ist die Konsequenz aus der konstatierten Fehlentwicklung, muß die Beziehungslosigkeit der Fächer eines Bildungsganges aufheben, indem er den Bildungssinn der je einzelnen Fächer wieder aufeinander bezieht, für die Schüler erfahrbar macht und sie unter eine jeweils neu und pädagogisch zu begründende Bildungsidee stellt.

Notwendig: Persönliche Bedeutsamkeit des Lernens

„Gute Bildung", wie *v. Hentig* (1981) gegen ein reduziertes Verständnis von Wissenschaftsorienterung schreibt, ist aber immer „persönlich, erlebnishaft, anschaulich, tätig, immer wieder von interessanten bedeutenden oder auch nur aktuellen Gegenständen bestimmt" (S. 40).

Eine wissenschaftsorientierte Unterrichtskonzeption, die für den einzelnen bedeutsam werden will, die nicht nur Wissen vermitteln, sondern im Sinne von Bildung auch die Persönlichkeit bilden will, gestaltet deshalb den Unterricht mehrperspektivisch. Sie spricht neben den rational-wissenschaftlichen Erscheinungsformen der Inhalte auch deren ästhestische, emotionale, soziale, ethische und pragmatisch-handlungsbezogene Dimension an. Sie stellt die Themen in den Interessen- und Erwartungshorizont der Schüler und knüpft an deren Alltagserfahrungen an.

Wissenschaftsorientierung in diesem Sinne strebt, wie *Goßmann/Kraak* es für das Gymnasium einfordern (1988, S. 59), anstelle von Fachkompetenz Lebenskompetenz an.

Notwendig: Aufzeigen eines Verwendungszusammenhangs

Wissenschaftsorientierter Unterricht soll sich auch auf „solche Kenntnisse richten, die sich aus den Randbedingungen einer Anwendung von Wissenschaften ergeben", heißt es 1972 in den damals für das Verständnis von Wissenschaftspropädeutik richtungsweisenden Empfehlungen für die Kollegstufe NW (*Kultusminister NW*, 1972, S. 27).

Die tatsächliche Entwicklung sieht indessen so aus, daß dem einzelfachlich organisierten Unterricht meist ein Wissenschaftsbild zugrunde gelegt wird, das die Entstehung von Theorien und die Bereiche wissenschaftlicher Erkenntnisverwertung ausdrücklich ausschließt. Hinweise auf die Praxis geraten deshalb meist zu bloßen Anwendungsbeispielen von theoretischen Ergebnissen, die die Schüler wegen des fehlenden realen Problemzusammenhanges kaum zu motivieren vermögen (vgl. für den Physikunterricht z. B. *Lichtfeld* 1994).

Ein wissenschaftsorientiertes Unterrichtskonzept, das seinen Auftrag zur Kritik der Verwendungsweisen wissenschaftlichen Wissens ernst nimmt, muß deshalb interdisziplinär und an realen Verwendungszusammenhängen orientiert werden.

Didaktik der Bildungsgänge: Hilfe zum Identitätserwerb

Die Bildungsgangsdidaktik, die im folgenden dargestellt werden soll, ist ein Produkt der Kollegschulpädagogik. Sie wurde im Zusammenhang der Erarbeitung von Lehrplänen und Curricula für jenen nordrhein-westfälischen Schulversuch erarbeitet, in dem Wissenschaftsorientierung und Berufsausbildung zu leitenden Orientierungen, die Integration von beruflicher und allgemeiner Bildung auf der Sekundarstufe II zum Programm erhoben sind (vgl. zur genaueren Darstellung: *Kultusminister NW* 1972, *Blankertz* 1986).

Unabhängig von der bildungstheoretischen Begründbarkeit und der bildungspolitischen Durchsetzbarkeit des Konzeptes einer integrierten Sekundarstufe II (vgl. dazu z. B. *Landesinstitut für Schule und Weiterbildung* 1991) lassen sich viele Aspekte eines erneuerten Verständnisses der Wissenschaftsorientierung in der Bildungsgangsdidaktik wiederfinden und von dort auf den Unterricht im Regelschulsystem übertragen.

Anders als auf der gymnasialen Oberstufe, wo der Begriff des Bildungsganges auf die mehr oder weniger zufällige Fächerwahl im Rahmen einer Schullaufbahn verweist, bezeichnet er in der Kollegschule u. a. ein institutionell und curricular aufeinander abgestimmtes Ensemble von Fächern und Kursen, die innerhalb eines je bestimmten von den Schülern gewählten Schwerpunktes (z. B. „Sprache und Literatur") zu einem bestimmten Abschluß führen (z. B. Fremdsprachenkorrespondent / Allgemeine Hochschulreife) (vgl. dazu *Meyer* 1986, besonders S. 57 ff.). Das Lernprogramm eines bestimmten Bildungsganges ist für jene Schülergruppe, die sich für ihn entschieden hat, gleichermaßen strukturiert. Die Verzahnung der Fächer innerhalb eines Bildungsganges geschieht durch den Bezug auf ein zentrales Fach, im Falle des Fremdsprachenkorrespondenten z. B. auf die Fremdsprachen. Das in den jeweiligen Bildungsgängen der Kollegschule angestrebte Bildungsziel ist die auf den jeweiligen Bildungsgang konkretisierte, berufliche Identität, ausgelegt in fachlichen, sozialen und humanen Kompetenzen *(Blankerz* 1986). Für die Regelschule lautet das entsprechende Bildungsziel: „Identitätshilfe auf der Grundlage von Sachlichkeit" *(Wilhelm* 1984, S. 64).

Nun hat jede Bildungsidee neben einer „objektiven", der curricularen Ebene, eine subjektive, durch den Schüler interpretierte Komponente. Der Begriff des Bildungsganges verweist deshalb auch und in erster Linie auf die je individuelle Lernbiographie, auf den individuell von den jeweiligen Erfahrungen und Erwartungen gesteuerten Vorgang der Aneignung einer curricularen Bildungsvorgabe durch die Schüler. Denn erst die je individuellen Sichtweisen des Lernens verbürgen die Identität der Schüler. Der (im fast wörtlichen Sinne) Gang der Schüler durch die Bildungsanforderungen ist erst dann wirklich erfolgreich, wenn aus dem Schulcurriculum ein Schülercurriculum geworden ist.

Es kommt deshalb bei der curricularen Gestaltung der Bildungsgänge gar nicht so sehr darauf an, die einzelnen Fächer auf ein bestimmtes Thema hin zu orientieren. Entgegen dem ersten Anschein wird die Eigenstruktur der Fächer verstärkt dargeboten, weil nur so die Schüler selbständig entscheiden können, welche Lernergebnisse aus den Fächern für ihren Bildungsgang von Bedeutung sind. Wichtiger noch ist, die Offenheit der Lernziele, der Lernwege und erst recht der Ergebnisse zu gewährleisten, um den Bildungsgang so mit dem jeweiligem Interesse der Schüler in Beziehung zu bringen. Daß dennoch kompatible Ergebnisse erreicht werden, liegt daran, daß sich die Schüler ihrerseits in ihren Erwartungen an sozialisatorisch erworbenen, mithin gesellschaftlichen Vorstellungen über das, was sie lernen wollen (z. B. bestimmte Vorstellungen über den gewählten Beruf) orientieren. Evaluationsstudien zu einzelnen Bildungsgängen *(Blankertz* 1986) bestätigen das.

Übertragen auf das Regelschulsystem würde die Forderung nach der subjektiven Bedeutungszuweisung eines Bildungsganges heißen, daß den Schülern ein Orientierungspunkt, an dem sich ihre Erwartungen ausrichten können (was kann ich von der Schule erwarten?), in Form einer bestimmten Bildungsidee (was kann ich von eben diesem Schulprofil erwarten?) an die Hand gegeben wird.

Entwicklungsaufgaben

Wie aber erhalten die Curriculumplaner Kenntnis von den Erwartungen und Interessen der Schüler? Eine ad-hoc-Befragung würde nur kurzfristige Interessen zu Tage fördern. Auf der Suche nach einem theoretischen Konzept, das einerseits den Rahmen biographischer Entwicklungen in einem spezifischen kulturellen Kontext bestimmt, also Aussagen über bestimmte, nur bedingt variante Entwicklungsmuster macht (und damit auch Aussagen über die Ausrichtungen von Interessen zuläßt), das andererseits aber so viel Spielraum bietet, daß die tatsächlichen Orientierungsmuster und Interessen je individuell unterschieden werden können, sind die Bildungsgangsdidaktiker auf die Entwicklungspsychologie von *J. R. Havighurst* (1972) gestoßen. Er definiert in Anlehnung an die Entwicklungspsychologie *Piagets*, nun aber bezogen auf das Jugendalter, Entwicklungsprozesse, die in den jeweiligen Bereichen mit mehr oder weniger immanenten Gesetzmäßigkeiten ablaufen.

Nach Havighurst ist das Curriculum vitae eines Menschen beschreibbar als eine Abfolge von Entwicklungsaufgaben. Eine solche Aufgabe im Jugendalter ist z. B. die Findung einer adäquaten Geschlechterrolle. Der einzelne erlebt sie als unabweisbare gesellschaftliche Anforderungen, die er aufgrund seiner bisher entwickelten Identität deutet und aufgrund seiner bisherigen Kompetenz bearbeitet. Da die Entwicklungsaufgaben sich zwar „in bestimmter Weise und in bestimmter Abfolge Individuen als Aufgabe eigener Entwicklung aufdrängen" *(Kordes* 1989, S. 35), aber dennoch einen nur formalen Bezugsrahmen abgeben, ist es Aufgabe der Curriculumplaner, sie jeweils im Kontext, d. h. für die je konkrete Lebenswelt auszulegen und sie den Schülern zur je eigenen subjektiven Bearbeitung anzubieten.

Die Kollegschule stellt dabei die von Havighurst benannte Entwicklungsaufgabe, „sich auf eine berufliche Laufbahn vorzubereiten", also die Einfädelung in die Arbeitswelt, in den Vordergrund. Sie legt sie bildungsgangs- (vgl. dazu *Blankertz* 1986) und fachspezifisch aus (vgl. *Gruschka* 1984) und baut sie so in das Gesamtcurriculum ein, daß sie dem – vermuteten – Entwicklungsgang der Schüler entsprechen.

Für die Jugendphase in den allgemeinbildenden Schulen hat *Hornstein* (1990) das Konzept der Entwicklungsaufgaben fruchtbar zu machen versucht, indem er die anderen von Havighurst benannten Entwicklungsaufgaben (z. B. „neue und reifere Beziehungen zu Altersgenossen beider Geschlechter erwerben", „Vorbereitung auf Heirat und Familienleben", „Erreichung eines sozial verantwortlichen Handelns" (vgl. S. 88)) aufgrund jugendsoziologischer Untersuchungen konkretisiert und daran Aufgabenstellungen für die Schule definiert. Ähnlich wie die Kollegschule die fachliche Identitätsbildung der Schüler als ihr Hauptziel definiert, rückt Hornstein „die Erarbeitung einer tragfähigen Erwachsenenidentität als Hauptaufgabe des Jugendalters" in den Mittelpunkt seiner schulpädagogischen Überlegungen. Für die Grundschule weist z. B. *Lauterbach* (1990, S. 150) auf die Notwendigkeit hin, entsprechende Entwicklungsaufgaben zu identifizieren.

Notwendig ist allerdings, die Verbindungen zwischen Entwicklungstheorie auf der einen und Sozialisationstheorie auf der anderen Seite genauer zu klären, um empirisch gehaltvollere Aussagen über die kindliche und jugendliche Bewältigung von Entwicklungsaufgaben zu erlangen, als es die Bildungsgangsdidaktik bisher zu leisten vermochte.

Der Aufwand, der zur Identifizierung fachgebundener Entwicklungsaufgaben und schließlich zu einer entsprechenden validen Bildungstheorie führt, ist nicht unerheblich und kann nur im Einzelfall geleistet werden (vgl. dazu die Evaluationsstudien des Kollegschulversuchs: *Blankertz* 1986).

Lernaufgaben

In Anlehnung an das Konzept der Entwicklungsaufgaben und deren bildungstheoretische Grundannahme, daß die Fächer eines Bildungsganges eine Einheit darstellen und Bildung wie Lernen im wesentlichen die Leistung der Lernenden in der schrittweisen Aneignung und Interpretation der – über das Curriculum an sie herangetragenen – objektiven Welt ist, ist das Konzept der Lernaufgaben erarbeitet worden (vgl. *Schenk u. a.* 1991, *Girmes u. a.* 1993).

Bei den Lernaufgaben handelt sich um besondere Lernanlässe, die als fachübergreifende Aufgabenstellungen fester Bestandteil der Curricula sind. Sie sollen es dem Schüler erlauben, sein im Fachunterricht erworbenes Wissen in bestimmten (simulierten) Realsituationen anzuwenden, und so zwischen dem einzelfachlichen Lernen und der Bildungsidee, die dem gesamten Unterricht eines Bildungsgangens zugrundeliegt, vermitteln (vgl. *Schenk u. a.* 1991, S. 4).

Die projektartig angelegten Lernaufgaben werden in den Fächern vorbereitet und wirken durch ihre spezifischen Anforderungen wieder auf diese zurück. Denn Schüler können eine Lernaufgabe nur dann bearbeiten, wenn sie fachliches Wissen einbringen, das in den Fächern Gelernte sinnvoll miteinander verknüpfen, Wissen in Problemlösungsstrategien umsetzen und ihr Wissen konstruktiv und kreativ nutzen (vgl. ebenda). Die Fächer führen so zu den Lernaufgaben hin und verarbeiten im Anschluß daran neu erworbenes Wissen und Erfahrungen.

Das wichtigste Merkmal von Lernaufgaben ist, daß sie offen konzipiert sind. Die Aufgabenstellungen und erst recht die Lösungen bleiben interpretationsfähig und situationsbezogenen Veränderungen zugänglich. Da sie in reale (zumindest unter möglichst realen Bedingungen simulierte) Situationen des beruflichen oder alltäglichen Handelns einführen, erfahren die Schüler einen für sie bedeutsamen Kompetenzzuwachs. Die zeitliche Abfolge der Lernaufgaben – oft am Ende eines Schulhalbjahres – und ihre inhaltliche Gestaltung erfolgen, ähnlich wie die Entwicklungsaufgaben, in einem nach Maßgabe der dem Bildungsgang inhärenten Bildungsidee vermuteten Lern- und Kompetenzfortschritt der Schüler. Ein Beispiel (vgl. dazu ausführlicher *Girmes u. a.* 1993, S. 63 ff.):

Für den Bildungsgang „Chemikantin/ Chemikant mit Fachhochschulreife" ist an der Hans-Böckler-Kollegschule in Marl von einer interdisziplinären Arbeitsgruppe eine Abfolge von Lernaufgaben festgelegt worden, die folgendermaßen aussieht:

1. Lernaufgabe (zu Beginn der Ausbildung): *Chemie, was ist das eigentlich?* In dieser Aufgabe geht es für die Schüler darum, ihre Erwartungen an ihren zukünftigen Beruf zu artikulieren, eine Vorstellung von ihrer zukünftige Tätigkeit zu gewinnen, chemische Produkte kennenzulernen und deren Wirkung auf die Umwelt zu erfahren.

2. Lernaufgabe (am Ende des Halbjahres) *Die Nordsee stirbt auch in Marl oder: ein neues Abwasserkonzept ist gefragt.* In dieser Aufgabe geht es darum, den Zusammenhang zwischen regionaler Umweltbelastung und überregionalen Folgewirkungen zu durchschauen. Für Marl als großem Chemiestandort ein reales Problem.

3. Lernaufgabe (am Ende des weiteren Halbjahres) *Nachwachsende Rohstoffe und Energieträger auf dem Vormarsch.* In dieser Aufgabe geht es um einen Chemiebetrieb im westlichen Münsterland, der darüber nachdenkt, seine langfristigen Marktchancen durch Umstellung der Produktion und Verarbeitung von nachwachsenden Energieträgern zu sichern.

4. Lernaufgabe (am Ende des Halbjahres) *„Sun Air Chemical AG"* In dieser Aufgabe, die hier etwas ausführlicher dargestellt werden soll, geht es um einen – fiktiven – Kosmetikhersteller, der den Rückgang seines Sonnenmilchumsatzes durch eine Veränderung des Produktes und eine neue Werbestrategie kompensieren will; beides zielt auf größere Umweltverträglichkeit.

Dazu wird ein Wettbewerb ausgeschrieben, in dessen Verlauf Arbeitsgruppen eine Sonnencreme entwickeln sollen, die sich als Antwort des Unternehmens auf die Diskussion um unnötige und belastende Zusatzstoffe in Sonnencremes vermarkten läßt. Die Aufgabenstellung umfaßt die Untersuchung gängiger Sonnenmmilchprodukte in Hinsicht auf potentiell belastende und überflüssige Zusatzstoffe, die Entwicklung einer neuen Rezeptur für eine umweltverträglichere Sonnenmilch, die Planung des Produktionsverfahrens, die Entwicklung einer geeigneten Werbestrategie und die Durchführung einer Probeproduktion.

Die Arbeitsgruppen erhalten als Starthilfe umfangreiche Arbeitsmaterialien, die von grundlegenden Informationen über Sonnenschutzpräparate, über Gesichtspunkte zu einer Werbestrategie bis hin zu englischsprachigen Texten, z.B. über „Sonneneinwirkungen auf die Haut" reichen.

Am Ende der Arbeit stehen eine Ausstellung zu dem Thema, die u. a. über die Wirkung von UV-Strahlen auf die Haut informiert und Tips zum richtigen Bräunen gibt, und im Lokalteil der größten Zeitung des Ruhrgebiets ein Beitrag mit der Schlagzeile „Chemikanten-Schüler stellen wirksame Sonnencreme her".

Die Beispiele zeigen:

- Lernaufgaben sind systematisch in das Curriculum eines Bildungsganges eingebettet.
- Lernaufgaben sind wissenschaftsorientiert ausgelegt. Sie verweisen auf notwendiges, in den Fächern erworbenes Wissen und wenden dieses zugleich fächerübergreifend an (in unserem Beispiel: Chemie, Physik, Wirtschaftswissenschaft, Deutsch, Fremdsprachen); sie weisen auf die historische Wandelbarkeit von wissenschaftlich aufzuklärenden Problemlagen und entsprechenden Lösungen hin (im Beispiel: gewandelte Ansprüche an und Erkenntnis über den Sonnenschutz); sie lehren kritischen Umgang mit wissenschaftlich gewonnenen Kenntnissen (im Beispiel: Umweltverträglichkeit von Chemikalien).
- Lernaufgaben sind anwendungsorientiert und auf reale Situationen bezogen.
- Lernaufgaben sind handlungs- und subjektorientiert; die Schüler können zuvor erworbenes Wissen selbständig in ihre je individuelle Problemlösungsstrategie einbringen (im Beispiel: unterschiedliche Einschätzung der Gefahr von UV-Strahlung, unterschiedliche Werbestrategien).
- Lernaufgaben sind im gesteckten Rahmen ergebnisoffen.
- Lernaufgaben sind in der Regel produktorientiert.

Zur Realisierung der Lernaufgaben sind ungewöhnliche Maßnahmen notwendig: unter anderem die Abstimmung der Stundentafeln auf die Phase der Lernaufgaben, in der jede Fächertrennung aufgehoben ist und die bis zu acht Tage in Anspruch nehmen kann, die Erarbeitung und Bereitstellung sorgfältig ausgesuchter Materialien sowie die Vorbereitung der Gruppenprozesse.

Die Lehrerrolle wandelt sich grundsätzlich: Da die Schüler die Verantwortung für das Lernen selbst übernehmen, steht der Lehrer nur in Ausnahmefällen mit inhaltlicher Hilfe zur Verfügung. Er beschränkt sich vielmehr auf Beobachtung und Dokumentation der Schüleraktivitäten. Die Auswertung geschieht gemeinsam am Ende der Phase und wird nicht zensiert.

Lernaufgaben sind, so können wir zusammenfassen, „im Curriculum verankerte, fächerübergreifende Aufgaben, die den Schülerinnen und

Schülern ein selbstverantwortetes Lösungshandeln abverlangen" *(Girmes u.a.* 1993, S. 9). In ihnen materialisiert sich ein Bildungsverständnis, das objektive Lernanforderungen und subjektive Lernansprüche, wissenschaftliches Denken und lebensweltliche Orientierung, Reflexion und Handeln als Teil der Identitätsbildung von Schülern zusammenzubringen versucht.

Modell für andere Schulen?

Über die Transferierbarkeit der Bildungsgangdidaktik auf andere Schulformen habe ich schon einiges gesagt. Für die Lernaufgaben gilt, daß ihre Merkmale kaum kollegschulspezifisch sind, sondern eher dem eingangs dargestellten Verständnis eines erneuerten didaktischen Prinzips des wissenschaftsorientierten Unterrichts entsprechen. Die Anforderungen an ein gewandeltes Gymnasium jedenfalls sind ähnlich: Sinngeleitetes Lernen, das sich den übergreifenden Problemen der eigenen Lebenswelt stellt; die Fähigkeit zu verantwortlichem Handeln (Lebenskompetenz), ein fachübergreifend angelegter Unterricht, der auf eine Verständigung zwischen den Fächern zielt, die Einbeziehung von Lebenserfahrungen und außerschulischen Erfahrungen (vgl. *Goßmann/Kraak* 1988, S. 59 ff.)

Wirklich übertragbar wird das Konzept aber erst, wenn bei allen Beteiligten das Bewußtsein wächst, daß Schule immer auch Schule der Kinder, der Jugend ist.

Das Leben erfahren

Lebensweltorientierte didaktische Ansätze

„Macht die Schule auf, laßt das Leben rein ...". Dieser Titel eines Buches zur gemeinwesenorientierten Pädagogik von *Zimmer/Niggemeyer* (1986) könnte das Motto der hier dargestellten lebensweltorientierten didaktischen Ansätze sein. Hierzu zähle ich u. a. das handlungsorientierte Lernen: *Bönsch* 1988; *Gudjons* 1989; das praktische Lernen: *Fauser u. a.* 1991; den Projektunterricht: *Bastian/Gudjons* 1986 und 1990; das erfahrungsorientierte Lernen: *Scheller* 1986 – sowie die Ansätze der Freinet-Pädagogik: *Freinet* 1965, *Baillet* 1989.

Die Forderung nach stärkerer Lebensweltorientierung des Lernens ist so alt wie die Schule. Sie war zugleich immer auch eine Kritik an der Institution. Der von den Wirnissen des Alltagslebens abgekoppelte Schonraum (in dem lateinischen Wort „scola" schwingt noch die Bedeutung von „Muße" mit), in dem sytematisches, von unmittelbaren Handlungszwängen entlastetes Lernen überhaupt erst möglich war, erwies sich nämlich schon früh als ein Ort, in dem sich das Lernen verselbständigte und den Schülern entfremdete.

Schon Senecas „non scolae sed vitae discimus" war nicht so feierlich gemeint, wie es die Inschriften auf den Portalen vieler Bildungstempel suggerieren. Vielmehr steckt dahinter die Kritik an einer Schule, die nicht gute, sondern gelehrte Menschen bilde und damit nur sich selbst genüge. Jahrhunderte später verfaßt der Theologe und Pädagoge *J. A. Comenius* seine „Große Didaktik", um gegen den herrschenden Verbalismus der Schule des 17. Jahrhunderts das Konzept einer realistischen Bildung zu setzen. Nochmals 200 Jahre später zieht die Schule die nämliche Kritik auf sich: „Spätere Generationen", so geißelt *Friedrich Nietzsche*, einer der geistigen Väter der Reformpädagogik, 1872 die Buchschule, „werden vielleicht zu dem Schluß gelangen, daß diese Bildung nur eine Art Wissen um die Bildung und dazu ein recht falsches gewesen sei. Falsch und oberflächlich nämlich, weil man den Widerspruch von Leben und Wissen ertrug" (1961, S. 42). Das reformpädagogische Motto von *Ellen Key:* „Laßt uns die Kinder leben lassen" nimmt diese Kritik auf, vermag aber die Schule auch nicht aus dem Widerspruch von Leben und (schulischem) Lernen herauszuführen (vgl. dazu auch das erste Kapitel).

Die wissenschaftsorientierten Unterrichtskonzeptionen der 60er und 70er Jahren haben den Widerspruch zugunsten des vom Leben abgekoppelten systematischen Lernens aufgelöst. Sie führten zu Lernformen, die Bildung eher verhinderten denn beförderten (vgl. dazu das fünfte Kapitel). Erst in den 80er Jahren taucht in den Lehrplänen der Begriff der Lebenswelt wieder auf, ohne jedoch eine wirklich strukturierende Kraft zu entfalten (vgl. *Heursen* 1994a).

Lebensweltorientierung als didaktisches Prinzip

Lebenswelt ist immer etwas Einmaliges, bezieht sich auf die Lebenswelt eines bestimmten Kindes, meint die je spezifische Sichtweise und Konstruktion der Welt vom Individuum her. Die Hoffnung auf eine neue Einheitlichkeit des zerstückelten Lernens, wie sie z.B. mit der Alltagswende in der Pädagogik der 80er Jahre verbunden war (vgl. *Meyer-Drawe* 1989, S. 923), verkehrt sich bei genauerer Betrachtung deshalb in ihr Gegenteil: In einer pluralisierten Welt mit ihren ausgeprägten Individualisierungstendenzen scheinen Aussagen über die Lebenswelt von Kindern nur sehr begrenzt verallgemeinerbar.

Welche kognitiven und sozialen Voraussetzungen beispielsweise die einzelnen Kinder in den Unterricht einbringen, kann in hinreichender Allgemeinheit kaum gesagt werden. Zu unterschiedlich sind die familiären Lebensstile, zu divergent die Erfahrungen und Erwartungen von Kindern, als daß aus ihnen allgemeine Maßstäbe für didaktisches Handeln gewonnen werden könnten.

Gleichwohl konstituieren sich Lebenswelten nicht unabhängig und unbeeinflußt von gesellschaftlichen Strukturen. *Beck* (1986) verweist zum Beispiel auf die mit den Individualisierungsprozessen zugleich ablaufenden Standardisierungsprozesse.

Beide Aspekte zusammengefaßt legen folgende Fragen an die Entwicklung von Lebenswelt als didaktischer Kategorie nahe:

1) Welche kulturellen und gesellschaftlichen Strukturen und Entwicklungen beeinflussen die je konkrete Lebenswelt von Kindern?

2) Was sind die altersspezifischen affektiven und kognitiven Voraussetzungen für die je individuelle Ausprägung von Lebenswelt?

3) Wie baut sich Lebenswelt im Bewußtsein auf, und wie wird sie erworben?

4) Mit welchen Intentionen wird Lebenswelt als Kategorie schulischen Lernens eingeführt?

Wandel der Kindheit

Bei der Frage nach kulturellen und gesellschaftlichen Entwicklungslinien, die die kindlichen Lebenswelten beeinflussen, verweisen die hier als lebensweltorientiert bezeichneten didaktischen Ansätze durchweg auf eine gewandelte Kindheit. Festgemacht wird sie vor allem an Veränderungen familiärer und sozialer Beziehungen, an der Ikonisierung und Mediatisierung der kindlichen Erfahrungen und an der größeren Vereinzelung des Lebens (vgl. z. B. *Rolff/Zimmermann* 1985, *Fölling-Albers* 1992). Diagnostiziert wird insbesondere ein Verlust primärer Erfahrungsmöglichkeiten (vgl. z. B. *Lersch* 1988, *Gudjons* 1993, S. 103 ff.). Darauf wird in den hier zur Diskussion stehenden Konzepten, besonders verwiesen, weil subjektiv bedeutsames Lernen sich überhaupt erst aufgrund primärer Erfahrungen entwickeln kann. Lernen aus dieser Sicht ist zuallererst „Erfahrungslernen" *(Fauser u.a.* 1988, S. 738 ff.), Schule wird zum „Erfahrungsraum" *(v. Hentig* 1973).

Kindliche Lebenswelt

Die Frage nach den entwicklungsspezifischen Voraussetzungen des Aufbaus einer je individuellen Lebenswelt stellt sich in diesem Zusammenhang als Frage nach Erfahrungsräumen, Aufmerksamkeitshorizonten und Erfahrungsweisen, die dem jeweiligen Lebensalter angemessen sind. Also: Welches sind die bevorzugten Erfahrungsfelder des Kindes, auf die es in einem spezifischen Lebensabschnitt seine Aufmerksamkeit richtet?

Die Frage nach dem Aufmerksamkeitshorizont lenkt das Augenmerk auf die Entwicklung altersspezifischer Bedeutungsstrukturen. Der kognitive Entwicklungsstand des Kindes beeinflußt die Vollständigkeit, Differenzierung und Komplexität von Bedeutungsmustern (vgl. *Kegan* 1986).

Persönlich bedeutsam werden Erfahrungen für ein Kind erst, wenn es über bestimmbare Erfahrungsweisen positive Bezüge zu den erworbenen Kenntnissen und Fertigkeiten entwickeln kann.

Eine Analyse kindlicher Lebenswelt muß alle drei Aspekte zusammenführen.

Der Aufbau von Lebenswelt

Die Frage nach dem Aufbau von Lebenswelten verweist auf Sozialisation als Persönlichkeitsgenese, auf die Art und Weise, wie Erfahrungen gemacht werden können und auf den Erwerb von Wissensbeständen und Kompetenzen.

Unter dem Gesichtspunkt der Sozialisation, begriffen als „produktive Verarbeitung der inneren und äußeren Realität" durch ein Individuum (vgl. *Hurrelmann* 1986), wird die wechselseitige Durchdringung äußerer Umwelt und innerpsychischer Entwicklung betont. Lebenswelt wird somit als das – jederzeit veränderbare – Resultat von Handlungen, Interaktionen und Kommunikationen der Subjekte begriffen.

Ein auch an der Entwicklungspsychologie *Piagets* orientierter Lernbegriff betont den eigenständigen Handlungscharakter von Lernen als Lernen durch Erfahrungen; als eine aktiv-produktive und selbstbestimmte Leistung des Lernenden (vgl. *Fauser u. a.* 1988, S. 731). Der Ansatz des „praktischen Lernens" betont dabei – wie zuvor vielleicht nur der französische Reformpädagoge *Celestin Freinet* – in besonderer Weise die Körpergebundenheit allen Lernens. Dabei wird vor allem die

Bedeutung der Hand hervorgehoben , in der sich als anthropogene Grundbedingung menschlichen Handelns mit der Fähigkeit zum Greifen zugleich die Fähigkeit zum Be-Greifen herausgebildet hat (vgl. *Fauser* 1988, S. 155 ff.): „Die Hand ist das Organ der Organe, weil sich an keiner anderen Stelle unseres Leibes die Befähigung zur handelnden Auseinandersetzung mit der Um- und Mitwelt in ähnlicher Weise verdichtet" (ebd. S. 156). In diesem hand-werklichen Sinne ist lebensweltorientiertes Lernen immer auch praktisches Lernen.

Gleichzeitig ist es aber auch mehr. Denn Denken und Fühlen treten als Welterfahrungsweisen neben das Tun. Das erste fraglos schon immer in einer kognitiv orientierten Schule; das zweite in dem Maße, in dem Lernen auch einen sinnlich erfahrbaren Zugang zur Wirklichkeit schafft, in dem ästhetische Erfahrungen angestrebt und Neugierde und Hoffnung, Zuneigung und Erschrecken als Möglichkeiten und Anlässe zur Weltvergegenwärtigung zugelassen werden. Pestalozzis „Lernen mit Kopf, Herz und Hand", das bedeutet in lebensweltorientierten didaktischen Konzepten, „Wege zu einem Wissen zu finden, das nicht gelehrt und zur Kenntnis genommen wird, sondern selber erlebt worden ist; zu Erfahrungen, die man mit eigenen Händen greifen, mit eigenen Sinnen vollziehen und mit eigener Aktivität bewältigen kann" *(Flitner* 1986, S. 9).

Bildende Erfahrung und praktisches Tun

Bleibt als letzte der oben aufgeworfenen Fragen die bildungstheoretisch motivierte Frage nach den Zielen lebensweltorientierten Unterrichts. Die Spur führt wiederum auf den Erfahrungsbegriff. Denn nicht die Lebenswelt an sich, sondern erst die in ihr oder eben in der Schule vermittelte Erfahrung läßt die Hoffnung auf Bildung erfüllbar erscheinen. „Tatsächlich", so *Fauser* (S. 164), „setzen wir darauf, daß die Schule … über ein Eigenpotential verfügt, das es erst zuläßt, im Lernen Erfahrungen zu ermöglichen und den Entfremdungsprozessen der Moderne … sinn- und perspektiveneröffnende Bildungsprozesse entgegenzusetzen." Anders als die bloße praktische Tätigkeit ist Erfahrung immer rückgekoppelt an Reflexion. Erleben, Wahrnehmen, Gestalten werden erst durch das Hinzutreten von Reflexion zu handlungsleitender Erfahrung. Bildende Erfahrung also ist zugleich sinnliche Wahrnehmung, praktisches Tun und reflektierte Vorstellung.

Dieses Verständnis von Erfahrung knüpft an die Konzeption des amerikanischen Reformpädagogen *John Dewey* an, der wie kaum ein anderer den Erfahrungsbegriff für die schulpädagogische und bildungstheoretische Reflexion in Anspruch genommen hat (vgl. z. B. *Dewey* 1974). Dewey unterscheidet zwischen äußerer und innerer Erfahrung. Äußere Erfahrung ist nach Dewey immer zugleich aktives Tun und passives Erleiden: man er-fährt, und etwas stößt einem zu. Aber erst wenn das Denken die aktive und passive Phase der äußeren Erfahrung durchdringt und sich mit der inneren Erfahrung als Teil der Persönlichkeit verbindet, ist der Prozeß der Erfahrungskonstitution abgeschlossen, werden Erfahrungen im eigentlichen Sinne gemacht. Der Rekurs auf Deweys Erfahrungsbegriff, der im übrigen auch ganz im Mittelpunkt des Projektunterrichtes steht (vgl. *Bastian/Gudjons* 1986 und 1990), birgt indessen nicht nur die bildungstheoretisch unerläßliche Verknüpfung von äußerer Umwelt und innerer Erfahrung als Moment der Persönlichkeitsgenese, sondern verweist durch die Verknüpfung von passiver und aktiver Erfahrung auch auf das bildungstheoretisch unerläßliche Moment des Handelns.

Die Inhalte: Aufgaben mit Ernstcharakter

Als Handelnder wirkt der Schüler auf seine Umwelt ein; verändert er die Welt, wie kleinschrittig auch immer. Zusammen mit der Reflexion der Erfahrungen kann lebensweltorientiertes Lernen spätestens an diesem Punkt seine von *Wolfgang Schulz* (1986) so vehement eingeforderte kritische Funktion als notwendiger Bestandteil des Bildungsprozesses gewinnen. Unerläßlich ist dabei allerdings, daß sich das Handeln auf „wirkliche Aufgaben" (so für das praktische Lernen, *Liebau* 1986) bzw. auf „Probleme, die gesellschaftliche Praxisrelevanz haben" bezieht (so *Bastian/Gudjons* 1986 und 1990 für den Projektunterricht).

Erst in diesem Sinne wird handelndes Lernen zu jenem demokratischen Lernprozeß, der im Sinne Deweys zur Demokratisierung der

Gesellschaft beiträgt. Die Orientierung an wirklichen Problemen und deren gemeinsame Planung und Bearbeitung verlangen notwendigerweise auch soziale Kompetenzen. Lebensweltorientiertes Lernen ist deshalb immer auch soziales Lernen.

Woher kommen die Inhalte?

Die bisher angesprochenen Merkmale des Bildungsprozesses im lebensweltorientierten Lernen (Erfahrungsbezug, Handlungsbezug, gesellschaftliche Relevanz, soziales Lernen) verweisen zwar auf den Aufbau entsprechender Kompetenzen, verbleiben aber in ihren Aussagen über die Inhalte des Lernens eher unscharf. Wenn z. B. *Hänsel* (1988, S. 32) fragt, warum Projektunterricht so selten durchgeführt wird, dann liegen die Gründe auch in der Besonderheit dieser Unterrichtsform gegenüber dem normalen Schulalltag. Hänsel bezeichnet Projektunterricht als „Grenzform von Unterricht"; *Bastian/Gudjons* bezeichnen ihn als „besondere Unterrichtsform" neben Lehrgang und Training.

Die die Grenzen herkömmlichen Lernens strapazierende Form eines lebensweltorientierten Unterrichts dokumentiert sich u. a. auch darin, daß es sich bei den meisten Veröffentlichungen in erster Linie um wichtige Sammlungen von Fallbeispielen handelt. Sie haben zwar einen hohen Anregungswert, illustrieren aber oft auch die Besonderheit, Unwiederholbarkeit und Situationsgebundenheit der Projekte. Auch wenn die angeführten Ansätze in keinem Fall den ganzen schulischen Unterricht bestimmen wollen, so werden sie doch erst dann wirksam, wenn deutlich wird, wie sie in den Schulalltag eingebunden werden können.

Voraussetzung dafür wäre eine systematische Auswahl der Inhalte und deren Einordnung in ein schulisches Curriculum. Der Verweis auf Erfahrungsfelder bzw. Erfahrungsräume *(Emer u. a.* 1991), die Zuordnung zu Tätigkeitsbereichen wie Gestalten, Herstellen, Helfen, Erforschen, Erkunden (vgl. *Fauser u. a.* 1988, S. 733), an denen sich die Suche nach geeigneten Inhalten orientieren soll, kann nur ein erster

Schritt zu einer Auswahl relevanter Inhalte sein, die Schule als Lern- und Erfahrungsraum konstituieren. Ein weiterer Schritt könnte sein, der Lebenswelt selbst didaktische Strukturen zu unterlegen und ihr somit einen bildenden Wert abzugewinnen, wie *Zacharias* (1995) es in seinem kulturpädagogischen Ansatz „lebensweltlicher Didaktik" versucht.

Die Probleme und Fragestellungen, denen sich lebensweltorientierter Unterricht zuwenden kann, sind deshalb ebenso auf die jeweiligen Lebenslagen der Schüler wie auf die Probleme der Region einer Schule zu beziehen. Das derart individualiserte und regionalisierte Lernen tritt dabei in ein Spannungsverhältnis zum systematischen (wissenschaftsorientierten) Lernen. Wenn aber die Wissenschaftsorientierung nicht als Gegenteil des lebensweltorientierten Lernens gesehen wird, sondern als ein notwendiger Teil dessen (das versuchte das vorangegangene Kapitel zu zeigen) und wenn den einzelnen Schulen Gelegenheit zur regionalbezogenen Lehrplanung gegeben wird (vgl. *Heursen* 1994a), dann kann dieses Spannungsverhältnis produktiv aufgelöst werden. Die Aussage, daß praktisches Lernen und die Bildung eines Schulprofils eng zusammenhängen (vgl. z. B. *Fauser u. a.* 1988), kann dann in diesem Sinne auch auf die anderen lebensweltorientierten Ansätze ausgedehnt werden.

Didaktische Kleinarbeit

Die bisher wenig befriedigend gelöste Frage nach einer sytematischeren Auswahl der Inhalte lebensweltorientierten Unterrichts verweist auf die Notwendigeit einer weiteren Konkretisierung lebensweltorientierter Didaktiken. Oder anders ausgedrückt: Lassen sich aus den vielen (Fall-) Beispielen gelungenen praktischen Lernens, projekt- und erfahrungsorientierten Unterrichts gemeinsame Strukturen, Planungs- und Arbeitsschritte herausarbeiten, die bei der Umsetzung in der Praxis helfen? Hinweise dazu (mehr allerdings nicht) finden sich unter anderem in den Ansätzen zum Projektunterricht *(Bastian/Gudjons* 1986 und 1990, *Gudjons* 1989, *Emer u. a.* 1991), der Freinet-Pädagogik (vgl. *Baillet* 1989) und im erfahrungsorientierten Unterricht (*Scheller* 1986). Dabei werden einige zentrale Begriffe traditioneller Didaktiken neu gefüllt.

Die andere didaktische Analyse

Die Inhalte lebensweltorientierten Unterrichts, das legt die oben dargestellte bildungstheoretische Begründung dieses Konzeptes nahe, sind zuallererst über die ihnen zugrundeliegenden geschichtlichen oder gegenwärtigen Erfahrungssituationen zu begründen. Die so ausgewählten Situationen müssen dabei mehreren Kriterien genügen: Sie müssen eine Wirklichkeit repräsentieren und subjektiv bedeutsam sein, Selbsttätigkeit und gesellschaftliches Handeln herausfordern und Produkte ermöglichen, das heißt sinnliche Erfahrung vermitteln und Öffentlichkeit herstellen (vgl. dazu auch die Merkmale des Projektunterrichts bei *Bastian/Gudjons* 1990, S. 28 ff.).

Auf der nächsten Ebene können die Inhalte auf ihre Erfahrungshaltigkeit befragt werden (vgl. *Scheller* 1986, S. 70 ff.):

■ Welche Bedeutung hat ein Inhalt für den Lehrer selbst, welche Erfahrungen verbindet er mit ihnen, was will er mit den Schülern bearbeiten?

■ Welche Aspekte des Themas können die Schüler mit welchen Erfahrungen verbinden?

■ Wie läßt sich der gesellschaftliche Kontext eines Themas mit individuellen (Vor-) Erfahrungen verbinden ?

■ Welches sollen die symbolischen Mittel sein, mit denen die Inhalte in den Unterricht eingebracht werden; wie also kann Erfahrung dargestellt werden?

■ Welches Produkt ist anzustreben?

Die anderen Verlaufsformen

Der Verlauf lebensweltorientierten Unterrichts kann wegen der Offenheit des Lehr- Lern-Prozesses nicht strikt festgelegt werden. *Freinet* hat zur Kennzeichnung dieser Offenheit den Begriff des „tastenden Versuchens" gewählt. Gleichwohl werden in allen hier zur Diskussion stehenden Ansätzen verlaufsstrukturierende Phasen benannt. Trotz aller Unterschiede im einzelnen (vgl. z. B. *Bastian* 1990) kann das Phasenschema von *Scheller* (1986, S. 217 ff.) zur Orientierung dienen: Er schlägt vor, erfahrungsorientierte Unterrichtseinheiten zu gliedern nach:

- Aneignung von Erfahrungen
- Verarbeitung von Erfahrungen
- Veröffentlichung von Erfahrungen.

Daß bei Scheller die in den anderen Ansätzen für zentral erachteten Phasen der gemeinsamen Themenfindung und Arbeitsplanung (vgl. *Gudjons* 1988, S. 68 ff., *Bastian* 1990, S. 74 ff., auch *Bönsch* 1988, S. 19) fehlen, liegt daran, daß er die Inhalte als durch die Lehrpläne weitgehend vorgegeben sieht. Kooperative Planung als eine Vermittlung zwischen Lehrplananforderungen und den Interessen der Beteiligten muß aber als Forderung für jeden Unterricht bestehen bleiben, wenn er den Ansprüchen lebensweltorientierten Unterrichts nach Demokratisierung des Lernens genügen soll.

Neue und alte Methoden

Die Möglichkeiten lebensweltorientierten Unterrichts sind bei genauerem Hinsehen recht vielfältig. Da ist zunächst der Projektunterricht in seinen vielfältigen Erscheinungsweisen vom fachgebundenen Projekt bis zum weitgehend offenen fächerübergreifenden Projekt.

Im fünften Kapitel habe ich gezeigt, wie Elemente lebensweltlicher Orientierung in wissenschaftsorientierten Unterricht eingebunden werden können. Auch ein Wechsel der Lernorte gehört zu den in (fast) jeder Schule angewandten Formen, Erfahrungen zu vermitteln.

Die auf den Erwerb von Erfahrungen gerichteten Methoden im engeren Sinne zielen darauf ab, das sinnlich-praktische Moment im Unterricht zu stärken. Dabei geht es vor allem um die Symbolisierung von Erfahrungen. Scheller nennt neben dem Gespräch, dem Schreiben und dem Lesen das szenische Spiel und die Fotografie (vgl. besonders S. 121 ff.). Im Konzept des praktischen Lernens treten alle Formen des praktischen Tuns in den Vordergrund: Herstellen, Gestalten, soziales Helfen, Erkunden und Erforschen (vgl. *Projektgruppe* 1988b, S. 91 ff.).

Die anderen Organisationsformen

Schulische Organisationsformen müssen mit den erfahrungsorientierten Inhalten und Lernformen in Einklang gebracht werden: Aufhebung der kurzen Zeittakte, der Fächergrenzen und der Lernortbegrenzung, wobei die Aufhebung der Fächergrenzen nicht eine Aufhebung des Prinzips der Fächerung in der Schule selbst bedeuten muß. In der Regel entwickeln sich Arbeitsvorhaben und Projekte aus bestimmten Fächern heraus, dann allerdings überschreiten sie häufig die eigenen Fachgrenzen (vgl. z. B. für Mathematik: *Münziger/Liebau* 1987, für Deutsch: *Gidion u. a.* 1987, für die Fremdsprachen: *Edelhoff/Liebau* 1987, Beispiele für mehrere Fächer: *Frommer/Körsgen* 1989, *Bastian/Gudjons* 1986 und 1990, *Hänsel/Müller* 1988).

Die andere Leistungsbeurteilung

Auch die Formen der Leistungsbeurteilung ändern sich. Denn lebensweltorientierte Didaktiken begreifen Lernen eben nicht als Speicherung von abfragbarem Wissen, sondern als einen Prozeß, in dem die Schüler ihren eigenen Arbeitsprozeß reflektieren und den Inhalten eine wie immer auch subjektiv gefärbte Bedeutung abgewinnen. Unter dem Aspekt der Ent-Exeptionalisierung lebensweltorientierter Ansätze wäre es allerdings wenig hilfreich, lebensweltorientiertes Lernen einfach aus der Beurteilung herauszunehmen. *Scheller* (1986, S. 115) plädiert deshalb für eine nicht strikt normenbezogene Leistungsbeurteilung und verweist in Anlehnung an *Rumpf* (1976) auf die Möglichkeit, mit Hilfe bestimmter Fragen den Verarbeitungsstand der Erfahrungen durch die Schüler zu erschließen.

Wie sich in der Praxis lebensweltorientierten Unterrichts inzwischen ein differenziertes Methodenrepertoire zur Beurteilung und Benotung von Leistungen entwickelt hat, zeigt *Bastian* (1996a) exemplarisch in einem Beitrag zum Thema „Leistung im Projektunterricht". Dabei geht es vor allem darum, die Fähigkeit zur Prozeßbeobachtung bei Lehrern und Schülern zu stärken. Aber auch für die Beurteilung der erfahrungsbezogenen Projektleistungen – das gemeinsame Produkt des

Arbeitsprozesses und den individuellen Arbeitsprozeß der Schüler – gibt es begündete Kriterien, die den individuellen und gemeinsamen Erfahrungsprozessen besser gerecht werden als traditionelle Formen schulischer Leistungskontrolle.

Die andere Lehrerrolle

Auch in anderen Kapiteln dieses Buchs war die Rede von der Notwendigkeit, das Selbstverständnis von Lehrern und Schülern neu zu formulieren. Dies gilt auch für lebensweltorientierten Unterricht. Der Wandel des Lehrerselbstverständnisses vom Kultur- und Wissensvermittler hin zum Gestalter von Lernumwelten, in denen die Schüler möglichst selbständig agieren, ist die Konsequenz aus der in allen Konzepten angestrebten Aufhebung des Subjekt-Objekt-Verhältnisses zwischen Lehrern und Schülern.

In keinem Fall aber soll die prinzipielle Differenz zwischen Lehrern und Schülern, die sich aus den je unterschiedlichen Rollen und Erfahrungen ergibt, negiert werden. *Bastian* (1986) schlägt deshalb zur Beschreibung des Lehrer-Schüler-Verhältnisses im Projektunterricht die kommunikationstheoretische Figur einer komplementären Beziehungsstruktur vor. Komplementarität als sich gegenseitig ergänzendes Verhältnis in unterschiedlichen Rollen wird dabei in einem doppelten Sinne gesehen: bezogen auf die institutionell begründeten Differenzen und bezogen auf die unterschiedlichen Qualifikationen.

Dabei geht es im lebensweltorientierten Unterricht um eine schrittweise und möglichst weite Verschiebung der Komplementarität zugunsten der Selbständigkeit und Beteiligung der Schüler. Dazu werden den Schülern die notwendigen arbeitsmethodischen Voraussetzungen, die bislang dem Lehrer vorbehalten sind – z. B. die Fähigkeit, sich an der kooperativen Planung eines Projektes eigenständig zu beteiligen – ggf. in eigenen Unterrichtsphasen vermittelt (vgl. ausführlich *Bastian* 1986).

Für die Lehrer entstehen dabei neue Kooperationsnotwendigkeiten: Die meist „splendid isolation" gegenwärtigen Unterrichtens wird aufgegeben zugunsten umfassender Kooperationen mit Schülern, Eltern, Kollegen bis hin zur Kooperation mit außerschulischen Partnern. Im

Rahmen der Freinet-Pädagogik zum Beispiel haben sich auf lokaler Ebene Pädagogik-Kooperativen gebildet, die im intensiven Gespräch einen Erfahrungs- und Materialaustausch gestalten.

Schule wirkt nach außen

Der Kooperationsgedanke führt unmittelbar zur Öffnung der Schule nach innen wie außen (vgl. dazu PÄDAGOGIK 12/95). Intensiver Austausch beispielsweise aller an einem Projekt Beteiligten führt zu Veränderungen des Lebens in der Schule, aber nicht nur dort, sondern auch darüber hinaus. Denn schließlich „wird das Lernen wieder zu einer Aufgabe der pädagogisch-politischen Öffentlichkeit. Nicht einer abstrakt allgemeinen Öffentlichkeit, sondern einer konkreten – der Schul- und Ortsgemeinde" *(Projektgruppe* 1988, S. 792): Schule wird zur Nachbarschaftsschule.

Stimmt man darüber hinaus der These zu, daß lebensweltorientiertes Lernen auf jeder Schulstufe und für jeden Schultyp zu fordern ist – und dort auch möglich ist (vgl. z. B. *Frommer/Körsgen* 1989 und *Schnack* 1996 für das Gymnasium), dann muß langfristig auch das Bildungswesen insgesamt betroffen sein. Die Folgen, darauf weist *Edding* 1991 hin, könnten in einer notwendigen Entakademisierung des Lernens in unserem schulischen Bildungssystem liegen. Schule würde aus ihrer Isolation heraustreten und durch Arbeitsverbindungen mit ihrer Umwelt mehr Lebendigkeit gewinnen.

Die Veränderung des Schulsystems als ganzes schließlich führt zurück in die politische Dimension, in die lebensweltorientierte Didaktiken hineinwirken wollen. Indem die Befähigung jedes Menschen zur Selbstbestimmung gefördert wird und die Persönlichkeitsbildung im Sinne von Identitätsbildung ihren Platz findet, wird lebensweltorientiertes Lernen politisch.

Und „in der politischen Dimension liegt in der Tat die eigentliche Bewährung des praktischen Lernens." *(Flitner* 1986, S. 10)

Das Lernen selbst organisieren

Autonomie im Unterricht

Didaktisches Handeln folgt eher individuellen Konturen und Orientierungen als einheitsstiftenden Gesamtkonzeptionen. Dieser Grundgedanke des Buchs soll in dem letzten Kapitel zugespitzt werden. Dabei gehen wir der Frage nach, ob es einen unterrichtlichen Rahmen gibt, der so wenig wie möglich festlegt, der Vielfalt zuläßt und sie zugleich generiert.

An unterschiedlichen Konzepten konnte gezeigt werden, daß schulische Didaktiken dann zu „ungewöhnlichen Didaktiken" werden, wenn sie den institutionellen Rahmen überschreiten und sich von Fragestellungen außerschulischer Erfahrungsfelder anregen lassen.

Dies scheint in besonderer Weise im Offenen Unterricht möglich, einem Konzept, in dem autonomes didaktisches Handeln sich am ehesten entwickeln kann. Dies soll im letzten Kapitel diskutiert werden.

Gleichzeitig werden wir noch etwas weiter über den Tellerrand hinausschauen und die Didaktik Dezentralen Lernens (vgl. dazu *Dehnbostel/Holz/Novack* 1992) aus dem Bereich der betrieblichen Bildung hinzuziehen. Das Konzept des Dezentralen Lernens bringt – kurz gesagt – das betriebliche Lernen u. a. durch die Schaffung von sogenannten „Lerninseln" an den Arbeitsplatz selbst zurück. Auf diesen Lerninseln bilden die Beteiligten – Auszubildenden wie Ausbilder – eine Lerngemeinschaft, die Inhalt, Form und Fortschritt des Lernens weitgehend selbst bestimmt.

Sowohl der Offene Unterricht als auch das Dezentrale Lernen suchen nach Möglichkeiten, Lernen (wieder) zu einem Teil des je individuellen Lebenszusammenhanges zu machen. Sie suchen nach Unterrichtsstrukturen und Arbeitsformen, die Arbeitszusammenhänge schaffen, in denen die Lernenden selbständig agieren können. (Zu weiteren Parallelen von Offenem Unterricht und Dezentralem Lernen vgl. *Heursen* 1995).

Die Suche nach den Rahmenbedingungen autonomen didaktischen Handelns wird hier zunächst aus zwei Gründen mit der Darstellung und Analyse des Offenen Unterrichts verknüpft (zur Einführung vgl. *Wallrabenstein* 1991, *Bastian* 1995).

Zum einen ist der Begriff selbst schillernd. Das, was als Offener Unterricht bezeichnet wird, speist sich aus unterschiedlichen schulgeschichtlichen und didaktischen Zusammenhängen (vgl. *Jürgens,* 1995). Zudem verweist dieser „Sammelbegriff" *(Wallrabenstein* 1991, S. 54) auf eine sehr vielfältige Praxis. Was gelegentlich als Theorielosigkeit bzw. Beliebigkeit kritisiert wird, erweist sich bei der Suche nach den Rahmenbedingungen autonomen didaktischen Handelns als vorteilhaft. Der Rahmen ist so weit gefaßt, daß sich in ihm unterschiedliche Unterrichtsansätze wiederfinden können.

Zweitens wird hier die Selbständigkeit der Schüler zum Programm erhoben. „Geöffneter Unterricht scheint mir konsequent die Brücke zu schlagen zwischen der wichtigsten Lernvoraussetzung und dem wichtigsten Lernziel des Unterrichts, der Selbstbildungsfähigkeit, die jedem Kind von Natur aus mitgegeben ist und dem Selbstbestimmungsrecht, das die Verfassung jedem Staatsbürger gewährt!" – so *Dieter Haarmann* in seiner Begründung, warum er an einer Zeitschriftenserie zum Offenen Unterricht mitgearbeitet hat (1989 b, S. 6)

Was macht Offenen Unterricht aus?

Wer Offenen Unterricht miterlebt, kann sehr widersprüchliche Erfahrungen machen – zum Beispiele in einer Ganztagsschule mitten in einem sozialen Brennpunkt des Berliner Großstadtdschungels: In der fröhlichen Buntheit der Flure und Räume, die stolz die Produkte der letzten Unterrichtsprojekte präsentieren, fällt der Blick auf Schüler, die auf den Fluren – bei offenen Klassenzimmertüren – arbeiten. In der selben Schule beobachtet man aber auch, daß Schüler, über lange Zeit den Ausführungen ihrer Lehrer lauschen, auf Fragen der Lehrer Antworten geben, also nach den klassischen Regeln geschlossenen Unterrichts unterrichtet werden. Und trotzdem kommt nicht einen Moment der Gedanke auf, der ganze Unterricht könnte so sein.

Umgekehrt wird man bei manchem Kollegen, der sich als Anhänger des Offenen Unterrichts versteht, einen großen Wochenplan im Raum hängen hat, eine Unzahl von Arbeitsbögen verteilt und den Schülern ansonsten alle Freiheiten läßt, das Gefühl nicht los: hier liegt ein Mißverständnis vor.

Tatsächlich verweisen die äußeren Elemente Offenen Unterrichts wie Wochenplan, freie Arbeit, Gruppenarbeit etc. nicht in jedem Fall auf eine grundsätzliche andere Qualität des Unterrichts. Der Wochenplan kann rigide festgelegt sein, die freie Arbeit zur bloßen Beschäftigung verkommen und die Gruppenarbeit zur Einübung in Konkurrenzverhalten mutieren.

Zudem sind die genannten Elemente auch in anderen Unterrichtsformen zu finden, entstammen sie doch in der Regel reformpädagogischen Quellen, die gerade im Grundschulunterricht häufig als methodische Arrangements übernommen werden, ohne in einen konzeptionellen Zusammenhang integriert zu sein. Selbst Frontalunterricht kann offen im Sinne von Variabilität und Mitverantwortung der Schüler angelegt sein, wie *Haarmann* (1989a) beschreibt.

Was also macht Offenen Unterricht aus?

Wallrabenstein (1991, S. 60) nennt einige Merkmale des Offenen Unterrichts in bezug auf die Lernumwelt:

■ Der Werkstattcharakter des Klassenraums: z. B. eine Leseecke und eine Klassendruckerei;

■ die Lerntätigkeit der Schüler: sie arbeiten praktisch, stellen etwas her, stimmen über Vorhaben gemeinsam ab …;

■ die Sichtbarkeit der Lernergebnisse: Wandzeitung, Gedichte, Geschichten, Produkte …;

■ die Lernmethoden: entdeckendes und praktisches Lernen, freie Entscheidung über Zusammenarbeit, Arbeiten im Kreis …;

■ die Lernatmosphäre: deutliche Akzeptanz der Schüler und ihrer individuellen Lernvoraussetzungen, klare Arbeitsregeln …

Die Merkmale stimmen. Aber auch hier gilt: das eine und andere Merkmal – sogar mehrere zusammen – können auch in anderen Unterrichtskonzeptionen auftauchen. Ihre besondere Bedeutung gewinnen sie erst in einem strukturell anderen Zusammenhang.

Strukturen der Offenheit

Als eine Konstante aller Beschreibungen Offenen Unterrichts stellt sich die Vielfalt des methodischen Handelns heraus (vgl. *Popp* 1989, *Jürgens* 1994b, *Bastian,* 1995). Sie ist unabdingbar, erklärt den Offenen Unterricht aber ebenfalls noch nicht hinreichend. Denn die Vielfalt selbst ist nur Indiz für Strukturen, die aus einem geschlossenen Unterrichtskonzept mit methodischen Einsprengseln der Reformpädagogik ein offenes Konzept machen, in der alle Beteiligten zu Hauptakteuren werden.

Auf diese, unterhalb der sichtbaren Elemente liegende strukturelle Ebene des Offenen Unterrichts verweisen viele der in der Literatur genannten Merkmale, mit denen Offener Unterricht beschrieben wird. Dazu gehören beispielsweise Selbstbestimmung und Selbsttätigkeit; Orientierung an den Interessen, Ansprüchen und Wünschen der Schüler; selbstverantwortetes Lernen *(Jürgens* 1994b, S. 26). Auch die Dominanz intrinsischer Motivation und eine aktive Schülerrolle *(Bennett* 1976) oder die Tatsache, daß die Entscheidungen im Offenen Unterricht begründet sind *(Ramsegger* 1977, S. 53) sowie fast alle Merkmale des Offenen Unterrichts, die *Bastian* (1995) anführt, lassen sich erst mit Hilfe struktureller Überlegungen erschließen.

Dazu unterscheide ich zwischen den institutionellen Bedingungen, die die Vielfalt des pädagogischen Handelns zulassen und gelegentlich auch generieren und den an die handelnden Personen gebundenen Kompetenzen und Haltungen. Im Begriff der Offenheit („openess" in der angelsächsischen Tradition) schwingen beide Felder mit, aus denen sich Offener Unterricht bestimmt: die Offenheit des institutionellen Rahmens für eigenständiges Handeln der Personen und die persönliche Einstellung als individuelles Offensein für (nicht in jedem Fall vorhersehbare) Einflüsse, die von außen auf das didaktische Handeln einwirken.

Strukturelles Ziel: Selbstorganisation des Unterrichts

Offener Unterricht, wie auch das Dezentrale Lernen, sind stark diffe-renzierende und individualisierende Unterrichtsformen, bei denen viele Entscheidungen von den Interessen und Erwartungen der Schüler abhängig gemacht, ja in ihre Verfügbarkeit gestellt werden: Für den Offenen Unterricht verweist der Hamburger Schulpädagoge *Johannes Bastian* (1995) auf die Förderung von Mündigkeit durch Selbständig-keit und Selbstverantwortung als eine der zentralen Zielsetzungen. Für das Dezentralisierte Lernen weist der Berliner Berufspädagoge *Peter Dehnbostel* auf die Zunahme von Selbstorganisation und Autonomie hin (1995). Ich fasse deshalb beide Ansätze unter dem Begriff des Selbstorganisierten Lernens zusammen.

An dieser Stelle treffen sich auch die bildungstheoretischen Begrün-dungen neuerer betrieblicher Ausbildungskonzepte (vgl. z. B. *Büchele* 1995) und des schulischen Offenen Unterrichts (vgl. z.B. Wallraben-stein 1991). Beide stellen die Entwicklung der Persönlichkeit, die zu eben jener Selbstorganisation und Selbstverantwortung in der Lage ist, in den Vordergrund.

Die Nähe der Schulpädagogik zu betrieblich indizierten Reform-konzepten mag den skeptischen Beobachter ob der Widersprüchlich-keit von schulischem Bildungsauftrag und Qualifikationsansprüchen der Wirtschaft verunsichern (zu kritischen Anmerkungen gegenüber ökonomielastigen Argumenten vgl. *Tillmann* 1995). Vielleicht ist es aber für die Pädagogik auch „ein Glücksfall daß sich im gesellschaft-lichen Leben, vor allem aber im Bereich der Wirtschaft, gegenwärtig die Erkenntnis durchsetzt, ein großes Quantum an statischem Wissen allein genüge nicht, um die zur Erhaltung der Wettbewerbsfähigkeit erforderlichen Innovationen voranzubringen" – wie der Freiburger Schulpädagoge *Willy Potthoff* meint (1994, S. 69). Muß es Pädagogen stören, daß im Bereich der Wirtschaft traditionelle Forderungen der Pädagogik übernommen werden? Was gefordert wird, sind Fähigkei-ten, aufgrund derer die Schüler mehr Entscheidungsfreiheit gewinnen, sich selber besser entfalten können und einen höheren Grad an „wirk-licher Bildung" *(Potthoff)* erwerben: Entscheidungsfähigkeit, Selbst-ändigkeit, Kritikfähigkeit, Urteilsfähigkeit, Fähigkeit zum autonomen

Lernen, Kooperationsfähigkeit, Teamgeist, Kommunikationsfähigkeit, Organisationsfähigkeit, Fähigkeit zum vernetzenden Denken „sind ausnahmslos (wenn auch zum Teil mit anderen Worten ausgesprochen) Forderungen der Reformpädagogik mit ihrem Ziel der Persönlichkeitsbildung im Rahmen der Gemeinschaft" *(Potthoff, S. 70)*.

Das institutionelle Arrangement

Welches sind nun die institutionellen Bedingungen solcher Lernsituationen, in denen sich die Beteiligten (Lehrer wie Schüler) relativ frei bewegen können?

■ Auf der Ebene der Unterrichtsinhalte werden die zentralen Vorgaben weiter zurückgenommen, wie es im Konzept der Rahmenrichtlinien tendenziell angelegt ist, aber gegenwärtig zum Stillstand gekommen zu sein scheint (vgl. *Heursen* 1994). Die Entscheidung über die je konkreten Inhalte und Lernziele des Unterrichts werden möglichst weitgehend auf Lehrer wie Schüler übertragen. (Zu neueren Entwicklungen bei Lehrplänen vgl. auch PÄDAGOGIK, Heft 5, 1996.)

■ Auf methodischer Ebene wird die didaktische Vielfalt durch die Bereitstellung entsprechender (Freiarbeits-)Materialien, einer entsprechender Ausstattung der Räumlichkeiten sowie rechtlicher Maßnahmen abgesichert.

■ Auf organisatorischer Ebene werden vor allem die Zeit- und Raumstrukturen flexibilisiert, z. B. durch Epochalisierung, Austausch von Zeiteinheiten, Erleichterung des Überschreitens von Fachgrenzen bis hin zur Architektur (z. B. Gruppen- und Arbeitsräume). Einen zentralen Stellenwert nimmt hierbei die äußere Öffnung der Schule ein, indem ein stetiger Lernortverbund aufgebaut wird, der eine dauerhafte Kooperation mit Institutionen außerhalb der Schule anstrebt.

■ Auf der Ebene der Evaluation des Unterrichts (Leistungsmessung und -beurteilung) müssen vor allem die rechtlichen Bedingungen geschaffen werden, um dem Gedanken von Diagnose und Lernentwicklungsberichten größeren Raum einzuräumen.

■ Im Bereich der unterrichtlichen Kommunikation strebt die Institution ein weitgehend gleichberechtigtes Verhältnis von Lehrern und Schülern an, bei aller notwendigen Differenz, die sich daraus ergibt, daß Lehrer Lernen initiieren, beratend begleiten und bewerten. Hilfreich dabei sind alle Formen, die zu einer demokratischen Entscheidungsfindung und einvernehmlichen Konfliktlösung beitragen, zum Beispiel Kreisgespräche und Klassenrat. Zur notwendigen Veränderung unterrichtlicher Kommunikation gehört auch ein „offeneres" Verhältnis zu den Eltern, in dem Formen elterlicher Mitarbeit gepflegt werden.

Richtet man den Blick von den institutionellen Bedingungen der unterrichtlichen Mikrosituation auf die Schule als ganzes, so treten jene Bedingungen in das Blickfeld, die den Schulen die Möglichkeiten verschaffen, sich durch Profilierung selbst zu entwickeln (vgl. *Rolff* 1995) oder das Schulleben durch Öffnung der Schule zu intensivieren, wie es beispielsweise das Rahmenkonzept „Gestaltung des Schullebens und Öffnung von Schule" des Nordrhein-Westfälischen Kultusministers anstrebt (1988).

Individuelle Voraussetzungen selbstorgansierten Lernens

Die Offenheit des Lernens bedarf bestimmter, an die handelnden Personen gebundener Kompetenzen und Einstellungen, die zu autonomem Handeln im Unterricht befähigen. Das gilt ebenso für an zentrale Vorgaben gewöhnte Lehrer wie für an Vorgaben orientierte Schüler. Beide müssen sich von tayloristischen Arbeitsmethoden mit all ihren einschränkenden Auswirkungen auf die Persönlichkeitsentwicklung, die man der traditionellen Schuldidaktik gleichsam als Spiegel vorhalten kann, erst noch lösen (vgl. *Groß* 1994, S. 23); zu verändern sind beispielsweise: detailliertes Vorschreiben der Arbeitsmethoden, genaue Fixierung von Ort und Zeit der geforderten Leistung, programmierte Arbeitsabläufe, zerstückelte Arbeitsaufgaben, gebundene Einwegkommunikation mit festgelegten Inhalten, detaillierte Zielvorgaben ohne sichtbaren Bezug zum Sachziel und externe Kontrolle.

Gewandeltes Lehrersein

Dazu gehört auf der Seite der Lehrer die Bereitschaft, durch ein Lernarrangement die Voraussetzungen für Selbständigkeit zu schaffen und diese dann auch zuzulassen. Entscheidend für den Wandel des Lehrerseins (vgl. zu diesem Begriff das dritte Kapitel) ist der Wandel des Selbstbildes. *Zimmermann* (1995) hat Fragen formuliert, die sich jeder Lehrer zunächst selbst stellen sollte, bevor er selbstorganisiertes Lernen von seinen Schülern erwartet:

- Wie arbeite ich – eher fremd- oder selbstbestimmt?
- Wer oder was macht mir Angst?
- Kann ich loslassen?
- Wie gehe ich mit meiner eigenen (pädagogischen) Freiheit um?
- Wie gehe ich mit Machtverlust um, wenn Schüler selbstbestimmt arbeiten?
- Wer oder was hindert mich, Schülern ihre je eigene Lernzeit zu lassen?
- Verstecke ich mich hinter dem Lernstoff?
- Kann ich mich zu meinen Fehlern bekennen?

Neben der Änderung des Selbstbildes bedarf es in besonderer Weise

- einer ausgeprägten Sachkompetenz, um auf die unterschiedlichen Fragen mit Verweisen oder Hilfestellungen reagieren zu können;
- einer umfassenden Methodenkompetenz, die über das klassische Repertoire ebenso verfügt wie über Methoden zur Initiierung selbstorgansierten Lernens;
- einer Kenntnis von Kriterien und Verfahren zur Beobachtung und Bewertung des individuellen Lernfortschritts.

Darüber hinaus aber ist „Offenheit" zuallererst eine Haltung bzw. Frage der Einstellung die Entwicklungszeit braucht – oder, wie *Wallrabenstein* (1991) formuliert: „Offenheit fängt bei uns selber an" (S. 169).

Gewandeltes Schülersein

Komplementär zum veränderten Lehrersein entwickelt sich auch das Schülersein in eine Richtung, die von der Konsumhaltung und der

Aneignung von vorgeformtem Wissen zu Eigenständigkeit und Eigenverantwortung im Lernen führt, die Schülern erlaubt, das pädagogische Arrangement selbstbewußt und selbständig auszufüllen. *Bönsch* (1991, S. 24) hat für seine Beziehungsdidaktik, die zu den Didaktiken selbstorgansierten Lernens gezählt werden kann, einige Einstellungen und Haltungen der Schüler aufgezählt, die für den Fortgang des selbstbestimmten Lernens unabdingbar sind. Dazu gehören u. a.:

■ Selbständigkeit, z. B. zur Entwicklung von Selbstvertrauen zur Lösung von Aufgaben ohne fremde Hilfe;
■ Neugier- und Fragehaltung, Neigungen und Interessen zum Entdecken, Beobachten, Hinterfragen;
■ Initiative und Risikoverhalten,
■ Differenzierung der Wahrnehmung;
■ kritisches Denken und Urteilen;
■ Herangehen an Probleme und Problemlösungsverhalten;
■ Kreativität und Produktivität.

Auf der Kompetenzebene gilt für die Schüler neben der Entwicklung der fachlichen Kompetenz vor allem die Entwicklung von Fähigkeiten und Fertigkeiten, die einen persönlich bedeutsamen, fachlich adäquaten und verantwortungsvollen Umgang mit Wissen erst ermöglichen: die didaktische Forderung: „Der Schüler muß Methode haben" ist eine alte Forderung der Reformpädagogik, die *Hilbert Meyer* für die neuere Methodendiskussion wiederbelebt hat (vgl. 1987). Auch *Wolfgang Schulz* ist nie müde geworden, die Planungskompetenz der Schüler einzufordern. Wozu er insbesondere Sequenzen des Meta-Unterrichts mit den Schülern vorgesehen hat (vgl. z. B. 1989, S. 90).

Selbstorganisiertes Lernen verlangt – und entwickelt – die volle didaktische Kompetenz der Schüler. Das ist die Fähigkeit, über Inhalte, Methoden, Organisation, Evaluation, unterrichtliche Kommunikation sowie über die Ziele des Unterrichts mitzuentscheiden.

Eine neue pädagogische Kultur entwickeln

Die Verlagerung der Entscheidungen und der Verantwortung in die Lerngruppe (in schulischer wie in betrieblicher Bildung) führt zu einer anderen Lernkultur (vgl. auch das Kapitel *Die Person stärken*). Sie steht im Gegensatz zu Drill, Festlegung von außen, öffentlichen Allgemeinforderungen und staatlicher Lehrplanherrschaft (vgl. *Kösel* 1993, S. 354).

Dazu bedarf es allerdings einer Einbettung in eine gewandelte öffentliche Kultur, die die gesellschaftlichen Fragen von Bildung und Erziehung nicht an die Schule abgibt, sondern Schule und Gesellschaft, Lehrer und Schüler, Eltern und Gemeinde, Politik und gesellschaftliche Gruppen auf die Fragen von Bildung und Unterricht verpflichtet.

In diesem Sinne ist Selbstorganisiertes Lernen, dezentrales wie offenes, nicht – wie viele Vertreter des Offenen Unterrichts argumentieren, eine Unterrichtsform neben anderen Unterrichtsformen (z. B. *Kasper* 1989, S. 18; auch *Bönsch* 1991, S. 10, zuletzt *Bastian* 1995, S.10). Die Konzeption selbstorgansierten Lernens mit all ihren Implikationen ist vielmehr die Grundfolie des Lernens, auf der alle anderen Formen des Lehrens und Lernens, auch die geschlossenen wie Frontalunterricht und Lehrgang, ihren – freilich zeitlich begrenzten und jeweils neu zu begründenden – Stellenwert haben.

Damit wird auch deutlich, daß selbstorganisiertes Lernen nicht nur eine Form des Grundschulunterrichts ist, sondern – als Rahmen für sinnvolles Lernen – alle Schulstufen und Schularten betrifft (vgl. für die Sekundarstufe u. a. *Groß* 1992, *Krieger* 1993, *Landesinstitut* 1993, *Akademie für Lehrerfortbildung Dillingen* 1994, *Jürgens* 1994a, PÄDAGOGIK 12/1995). Da dort aber – mehr als an Grundschulen – die institutionellen und individuellen Rahmenbedingungen für selbstorganisiertes Lernen erst noch im Aufbau sind, gewinnt das Wort von der lernenden Schule (vgl. Meyer/Ulrich, 1996) hier seine besondere Bedeutung.

Didaktik wieder in den Mittelpunkt rücken

Um den Kreis zu schließen will ich auf Möglichkeiten hinweisen, die „ungewöhnliche Didaktiken" – insbesondere das Konzept des selbstorgansierten Lernens – für die didaktische Reflexion und Praxis einnehmen können.

Im ersten Kapitel habe ich das Versagen der allgemeinen Didaktik vor ihren eigenen Ansprüchen dargestellt und die Forderung nach einer Vielfalt des didaktischen Angebots begründet. Aufgabe der Didaktik ist unter anderem, zwischen Ansprüchen der Individuen und der Gesellschaft zu vermitteln. Die didaktische Vielfalt ist Teil und Folge der gegenwärtigen Pluralisierung und Individualisierung der Gesellschaft. Darauf habe ich an mehreren Stellen hingewiesen. Da das selbstorgansierte Lernen diese Vielfalt aufnimmt, entspricht es in besonderer Weise diesen neuen Vergesellschaftungsformen.

Auf der Seite des Individuums vermittelt es die notwendige Ich-Stärke im Umgang mit den Anforderungen gesellschaftlicher Pluralität. Auf der Seite gesellschaftlicher Ansprüche entsprechen Offener Unterricht und Dezentrales Lernen – aber auch andere in diesem Buch vorgestellt Konzepte – den gewandelten Ansprüchen beruflicher und gesellschaftlicher Praxis. Mit guten Gründen über sein eigenes Handeln entscheiden zu können, diese Schlüsselqualifikation ist auch Folge eines Umbauprozesses in Wirtschaft und Produktion, in dem die Verantwortung für das Handeln der Arbeitnehmer an diese selbst verwiesen wird. Das Konzept des Dezentralen Lernens folgt bis in die Begrifflichkeit einer weltweiten Entwicklung, in deren Rahmen Produktionsabläufe dezentralisiert werden (vgl. *Dehnbostel* 1995a, S. 70).

Der Didaktik fällt hier die Aufgabe zu, diese Strukturen in einem bildungstheortisch-kritischen Sinne mitzugestalten. Wenn Gruppenlernen und soziales Lernen als gegenseitig Verantwortung nehmendes Lernen ein wichtiger Bestandteil selbstorgansierten Lernens ist, dann kann es der in gesellschaftlichen Individualisierungstendenzen angelegten Entsolidarisierung entgegengesetzt werden. Offenheit und Dezentralisierung im Selbstorganisierten Lernen verbinden sich in den bildungsbestimmenden Komponenten der Ich-Stärke, des autonomen Handelns, der Solidarität und Verantwortung zu einer Bildungskonzeption.

Mit der These, daß die Öffnung und Dezentralisierung des Lernens eben jene Vielfalt „ungewöhnlicher Didaktiken" generiere, wird die Diskussion auf die eingangs gestellte Frage zurückverwiesen: Können die in diesem Buch vorgestellten „ungewöhnlichen Didaktiken" die an didaktische Theorie und didaktisches Handeln gestellten Anforderungen erfüllen? Die Antwort ist ein bedingtes Ja – bedingt deshalb, weil viele der in diesen Konzepten formulierten Reformvorstellungen zu den institutionellen Rahmenbedingungen von Schule im Widerspruch stehen.

Die Kontinuität des Interesses und die in Teilbereichen erfolgreiche Praxis aber lassen erkennen, daß sich in diesem widersprüchlichen Verhältnis nicht die ungewöhnlichen Didaktiken der Institution anpassen, sondern die Institution Schule sich in einem Veränderungsprozeß befindet. Insbesondere die Diskussion über eine erweiterte Gestaltungsautonomie der Schule zeigt deutliche Spuren einer didaktischen Praxis, die seit nunmehr gut zwanzig Jahren eine Erweiterung der Handlungs- und Gestaltungsspielräume fordert und in Teilbereichen durchgesetzt hat (zu einer neuen Balance zwischen Unterrichtsreform, Schulreform und Bildungspolitik vgl. *Bastian* 1996b).

In diesem Sinne verbindet sich die in dem ersten Kapitel geäußerte Hoffnung auf mehr didaktische Phantasie mit der Hoffnung auf eine Verbindung autonomen didaktischen Handelns mit der Autonomie einer lernenden und profilierten Einzelschule.

Literatur

Adam, E.: Das Subjekt in der Didaktik. Ein Beitrag zur kritischen Reflexion von Paradigmen zur Thematisierung von Unterricht. Weinheim 1988

Adl-Amini, B.: Ebenen didaktischer Theoriebildung. In: Haller, H.-D.; Meyer, H. (Hg.): Ziele und Inhalte der Erziehung und des Unterrichts. Band 3 der Enzyklopädie Erziehungswissenschaft. Hg. von Dieter Lenzen. Stuttgart 1986, S. 27 ff.

Akademie für Lehrerfortbildung Dillingen (Hg.): Freies Arbeiten – Reformpädagogische Impulse für Erziehung und Unterricht in Regelschulen. Donauwörth 1994

Aschersleben, K.: Welche Bildung brauchen Schüler? Vom Umgang mit dem Unterrichtsstoff. Bad Heilbrunn 1993

Autorenkollektiv: Didaktische Prinzipien – Standpunkte, Diskussionsprobleme, Lösungsvorschläge. Berlin 1976

Baillet, D.: Freinet – praktisch. Beispiele und Berichte aus Grundschule und Sekundarstufe. Weinheim 1989 (2. Aufl.)

Bastian, J.: Lehrer im Projektunterricht. Plädoyer für eine profilierte Lehrerrolle in schülerorientierten Lernprozessen. In: Ders./Gudjons (Hg.): (1986), S. 28 ff.

Bastian, J.: Projektunterricht planen. In: Bastian, J. / Gudjons, H. (Hg.): Das Projektbuch II. Über die Projektwoche hinaus. Projektlernen im Fachunterricht. Hamburg 1990, S. 240 ff.

Bastian, J.: Offener Unterricht – Zehn Merkmale zur Gestaltung von Übergängen. In: PÄDAGOGIK, Heft 12 , 1995, S. 6 ff.

Bastian, J.(1996a): Leistung im Projektunterricht. Widersprüche verändern die Praxis. In: Prüfen und Beurteilen. Friedrich Jahresheft XIV, S. 26 ff., Seelze 1996

Bastian, J. (1996b): Autonomie konkret. Vier Thesen zu einer neuen Balance von Schulreform und Bildungspolitik. In: PÄDAGOGIK, Heft 1/1996, S. 6 ff.

Bastian, J. / Gudjons, H. (Hg.): Das Projektbuch: Theorie – Praxis beispiele – Erfahrungen. Hamburg 1986 (4. Aufl. 1994)

Bastian, J. / Gudjons, H. (Hg.): Das Projektbuch II. Über die Projektwoche hinaus. Projektlernen im Fachunterricht. Hamburg 1990 (2. Aufl. 1993)

Baudrillard, J.: Agonie des Realen. Berlin 1978

Beck, U.: Risikogesellschaft. Auf dem Weg in eine andere Moderne. Frankfurt/Main 1986

Beck, U.: Auflösung der Gesellschaft? Theorie gesellschaftlicher Individualisierung. Revisited. In: Lenzen, D. (Hg.): Verbindungen, Vorträge anläßlich der Ehrenpromotion von Klaus Mollenhauer. Weinheim 1993, S. 63 ff.

Bennett, N.: Merkmale des progressiv-offenen und des traditionellgeschlossenen Unterrichts. In: Einsiedler, W.: 1976, S. 174 ff.

Berg, H. Chr.: Rousseaus Botanische Lehrbriefe als paradigmatischer Ausweg aus einer kulturdirigistischen Didaktik. In: Heursen, G. (Hg.): 1984, S. 121 ff.

Berg, H. Chr. unter Mitarbeit von Gerold Becker und Georg Pflüger (Hg.): Lehrkunst. Themenheft der Neuen Sammlung 1/1990

Berg, H. Chr. (1993a): Suchlinien – Studien zur Lehrkunst und Schulvielfalt. Neuwied 1993

Berg, H. Chr. (1993b): Lehrkunst im Traditionsstrom – dank Wagenschein. In: ders.: 1993a, S. 21 ff.

Berg, H. Chr.; Schulze, Th.: Lehrkunst – Lehrbuch der Didaktik. Neuwied 1995

Blakeslee, Th. R.: Das rechte Gehirn. Das Unbewußte und seine schöpferischen Kräfte. Freiburg/Breisgau 1982

Blankertz, H.: Theorien und Modelle der Didaktik. München 1970 (4. Auflage)

Blankertz, H.: Die Verbindung von Abitur und Berufsausbildung. In: Zeitschrift für Pädagogik, Heft 3, 1977, S. 329 ff.

Blankertz, H. (Hg.): Lernen und Kompetenzentwicklung in der Sekundarstufe II. Abschlußbericht der wissenschaftlichen Begleitung Kollegstufe NW, Teil 1 und 2. Soest 1986

Böhme, G.; v. Engelhardt, M.: Einleitung. Zur Kritik des Lebensweltbegriffs. In: dies. (Hg.): Entfremdete Wissenschaft. Frankfurt/M. 1979, S. 7 ff.

Bönsch, M.: Freiarbeit. In: ders.: Offener und Kommunikativer Unterricht – Freiarbeit und Beziehungsdidaktik. Oldenburg 1991, S. 6 ff.

Bönsch, M.: Handlungsorientierter Unterricht. Oldenburg 1988

Bourdieu, P.: Die feinen Unterschiede – Kritik der gesellschaftlichen Urteilskraft. Frankfurt/Main 1987

Breslauer, K.: Grundsätze der Unterrichtsplanung. In: Hacker, H.; Poschardt, D. (Hg.): Zur Frage der Lernplanung und Unterrichtsgestaltung. Hannover 1977, S. 83ff.

Brinkmann, U./Menzel, W. u.a. (Hg.): Lernen – Ereignis und Routine. Friedrich Jahresheft IV, Seelze 1986

Brunnhuber, P.: Prinzipien effektiver Unterrichtsgestaltung. Donauwörth 1971

Büchele, U.: Die didaktischen Prinzipien des Wacker-Modellversuchs – Fazit und Ausblick nach drei Jahren. In: Dehnbostel/Walter-Lezius (Hg.): 1995, S. 48 ff.

Buddrus, V. (Hg.): Die „verborgenen Gefühle" in der Pädagogik. Impulse und Beispiele aus der Humanistischen Pädagogik zur Wiederbelebung der Gefühle. Hohengehren 1992

Buddrus, V. (Hg.): Humanistische Pädagogik. Bad Heilbrunn 1995

Buddrus, V.; Pallasch, W. (Hg.): Annäherung an eine integrative Pädagogik. In: Buddrus, V. (Hg.): (1995), S.15 ff.

Comenius, J. A.: Große Didaktik; auszugsweise abgedruckt in: Reble, A.: Geschichte der Pädagogik – Dokumentationsband I. Stuttgart 1971, S. 116 ff.

Dehnbostel, P./Walter-Lezius, H.-J. (Hg.): Didaktik moderner Berufsbildung – Standorte, Entwicklungen, Perspektiven. Bielefeld 1995

Dehnbostel, P.: Dezentrales Lernen als didaktische Orientierung einer Modellversuchsreihe. In: Dehnbostel, P. / Walter-Lezius, H.-J. (Hg.): 1995, S. 64 ff.

Dehnbostel, P.: Didaktik beruflicher Bildung im Kontext betrieblicher Umbruchsituationen. In: Dehnbostel/Walter-Lezius (Hg.): 1995, S. 175 ff.

Deutscher Bildungsrat: Strukturplan für das Bildungswesen. Stuttgart 1971

Dewey, J.: Erfahrung und Erziehung. In: Correl, W. (Hg.): John Dewey. Psychologische Grundfragen der Erziehung. München/Basel 1974, S. 247 ff.

Dichanz, H.; Holzapfel, H.: Ist die Staatsschule am Ende? Ein Gespräch mit dem Hessischen Kultusminister Hartmut Holzapfel. In: PÄDAGOGIK, Heft 11/1993, S. 26 ff.

Diesterweg, A.: Wegweiser zur Bildung für deutsche Lehrer. Essen 1851. Wiederausgabe besorgt von J. Scheveling. Paderborn 1958

Drechsler, J.: Bildungstheorie und Prinzipienlehre der Didaktik. Heidelberg 1967

Drews, U.: Überlegungen zu einer anderen Variante der Darstellung und Ordnung didaktischer Prinzipien (Variante II). In: Autorenkollektiv 1976, S. 165 ff.

Ecke, P.: Untersuchungen zum pädagogischen Können, Berlin 1981

Edding, F.: Praktisches Lernen in bildungspolitischer Perspektive. In: Fauser, P. u.a. (Hg.) (1991), S. 167 ff.

Edelhoff, Chr. / Liebau, E. (Hg.): Über die Grenze. Praktisches Lernen im Fremdsprachenunterricht. Weinheim 1987

Einsiedler, W.: Konzeptionen des Grundschulunterrichts. Bad Heilbrunn 1979

Einsiedler, W.; Härle, H. (Hg.): Schülerorientierter Unterricht. Donauwörth 1976

Emer, W. / Horst, U. / Ohly, K.P. (Hg.): Wie im richtigen Leben … Projektunterricht für die Sekundarstufe II. Bielefeld 1991

Ermert, K. (Hg.): Reform der Reform? Zur Fortschreibung der gymnasialen Oberstufe durch die Kultusministerkonferenz. Rehberg-Loccum 1988

Faraday, M.: Naturgeschichte einer Kerze (1860). reprinta historica didactica. Bd. 3. Bad Salzdetfurth 1979

Fauser, P. / Fintelmann, K.J. / Flitner, A.: Lernen mit Kopf und Hand. Bericht und Anstöße zum Praktischen Lernen in der Schule. Weinheim 1991 (2. Aufl.)

Fauser, P. / Flitner, A. / Konrad, F.-M. / Liebau, E. / Schweitzer, F.: Praktisches Lernen und Schulreform. Eine Projektbeschreibung. In: ZfPäd., Heft 6, 1988, S. 729 ff.

Fauser, P. / Muszynki, H. (Hg.): Lebensbezug als Schulkonzept? Ein deutsch-polnisches Gespräch über praktisches Lernen und Schulreform. Weinheim 1988

Fend, H.: „Gute Schulen – Schlechte Schulen". Die einzelne Schule als pädagogische Handlungseinheit. In: Die Deutsche Schule 3/1986

Flach, H.: Zur Entwicklung des pädagogischen Könnens in der Lehrerausbildung. Berlin 1986

Flitner, A.: Lernen mit Kopf, Herz und Hand. In: Brinkmann, U. / Menzel, W. u.a. (Hg.): (1986), S. 8 ff.

Fölling-Allbers, M. (Hg.): Schulkinder heute. Weinheim 1992

Freinet, C.: 1965: Die moderne Französische Schule, Paderborn 1965

Frommer, H. / Körsgen, S.: Über das Fach hinaus. Fachübergreifender Unterricht, Praktisches Lernen, Pädagogische Tradition. Düsseldorf 1989

Gidion, J. / Rumpf, H. / Schweitzer, F.: Gestalten der Sprache. Deutschunterricht und Praktisches Lernen. Weinheim 1987

Girmes, R. u.a.: Lernaufgaben – Ein Leitfaden. Soest 1993. Kollegschule Werkstattbericht 5

Glöckel, H.: Vom Unterricht – Lehrbuch der Allgemeinen Didaktik. Bad Heilbrunn 1990

Goßmann, K. / Kraak, B.: Allgemeinbildung in der gymnasialen Oberstufe zwischen Grundwissen und überfachlichen Qualifikationen. Thesenpapier zur Arbeitsgruppe. In: Ermert, K. (Hg.), 1988, S. 59 ff.

Goßmann, K.: Bericht zur Arbeitsgruppe Allgemeinbildung in der gymnasialen Oberstufe zwischen Grundwissen und überfachlichen Qualifikationen. In: Ermert, K. (Hg.), 1988, S. 53 ff.

Groß, E. (Hg.): Freies Arbeiten in weiterführenden Schulen. Hinführung, Begründung, Beispiele. Donauwörth 1992

Groß, E.: Von der Sehnsucht des Kultusministers, inkognito zu reisen. Aspekte des Freien Arbeitens als Ermutigung zum Sein. In: Akademie ... (Hg.): 1994, S. 22 ff.

Gruschka, A.: Der Stellenwert von Wissenschaftspropädeutik und Wissenschaftsorientierung in einer die Entwicklungsaufgaben der Schüler thematisierenden, beruflich sozialisierenden Didaktik. In: Verhandlungen des 7. Berufsbildungskongresses „Lehrbacher Woche" (Hg.: Verbände der Lehrer an Berufsbildenden Schulen in NRW). Krefeld 1984, S. 41 ff.

Gruschka, A.: Pädagogisches Sonnenstudio – über den Siegeszug der neurolinguistischen Programmierung. In: Pädagogische Korrespondenz, Heft 15, Frühjahr 1995

Gudjons, H.: Was ist Projektunterricht? In: Bastian / Ders. (Hg.) (1986), S. 14 ff.

Gudjons, H.: Handlungsorientiert lehren und lernen. Projektunterricht und Schüleraktivität. Bad Heilbrunn 1989

Gudjons, H.: Pädagogisches Grundwissen. Bad Heilbrunn 1993

Haarmann, D. (1989a): Was heißt hier „offen"? In: Kasper, H., u.a. 1989, S. 22 ff.

Haarmann, D. (1989b): Geschichtliche Erinnerungen: Gegen Erstarrung – für das Subjekt. In: Kasper, H. u.a.: 1989, S. 6

Hänsel, D.: Was ist Projektunterricht, und wie kann er gemacht werden? In: Dies. / Müller (Hg.): (1988), S. 11 ff.

Hänsel, D.: Bezugspunkt Lehrersein: Bestimmung, Formen und Wandel. In: Hameyer, U.; Lauterbach, R.; Wiechmann, J. (Hg.): Innovationsprozesse in der Grundschule. Bad Heilbrunn 1992, S. 124 ff.

Hänsel, D. / Müller, H. (Hg.): Das Projektbuch Sekundarstufe. Weinheim 1988

Havighurst, R. J.: Development Tasks and Education. New York 1972

Heid, H.; Herrlitz, H.-G. (Hg.): Allgemeinbildung – Beiträge zum 10. Kongress der Deutschen Gesellschaft für Erziehungswissenschaft. 21. Beiheft der ZfPäd. Weinheim 1987

Heimann, P.; Otto, G.; Schulz, W. (Hg.): Unterricht – Analyse und Planung. Hannover 1965

Hentig, Hartmut v.: Schule als Erfahrungsraum? Eine Übung im Konkretisieren einer pädagogischen Idee. Stuttgart 1973

Hentig, H.v.: Allgemeinbildung heute. Allgemeine wissenschaftsorientierte Grundbildung für alle? Konsequenzen für die Schulstruktur. In: Babilon, F.W. / Ipfling, H.J. (Hg.): Allgemeinbildung und Schulstruktur-Fragen zur Sekundarstufe I. Bochum o.J. (ca. 1981)

Hentig, H. v.: Ein Haus für Götter. Der Parthenontempel im Unterricht. In: ders.: Ergötzen, Belehren, Befreien. Schriften zur ästhetischen Erziehung. München 1985

Hentig, H. v.: Einleitung. In: Gribbles, D.: Auf der Seite der Kinder. Welche Reform braucht die Schule? Weinheim 1991, S.9ff.

Herz, G.: Dezentrales Lernen: Was taugt Didaktik für die Produktion? In: Dehnbostel / Walter-Lezius (Hg.): 1995, S. 101 ff.

Heursen, G. (Hg.) (1984a): Didaktik im Umbruch – Aufgaben und Ziele der (Fach)Didaktik in der integrierten Lehrerbildung. Königstein/Ts. 1984

Heursen, G. (1984b): Didaktik im Umbruch. Fachdidaktik auf dem Weg zu ihrer Eigenständigkeit. In: Heursen, G. 1984a, S. 1 ff.

Heursen, G. (1994a): Stimmen unsere Lehrpläne schon wieder nicht?

Über die Notwendigkeit autonomer und dezentraler Lehrplanarbeit. In: Die Deutsche Schule, H. 2, 1994, S. 49 ff.

Heursen, G. (1994b): Zur Notwendigkeit autonomer Lehrplanarbeit oder: Wer kann sagen, was die Schüler lernen sollen. In: PÄDAGO-GIK, Heft 3, 1994, S. 46 ff.

Heursen, G. (1994c): Das Allgemeine, das Fach und der Unterricht. Anmerkungen zur Konvergenz von Allgemeiner und fachgebundener Didaktik unter den Ansprüchen des Unterrichts. Beispiel: „Deutsch an Teilzeitberufsschulen". In: Meyer/Plöger (Hg.): 1994, S. 125 ff.

Heursen, G. (1994d): Lehrstücke aus der DDR; oder: Über die vergeblichen Mühen normativer Didaktik. In: Hübner, P. (Hg.): Lehrerbildung im vereinigten Deutschland. Frankfurt/M. 1994, S. 91 ff.

Heursen, G. (1994e): Lehrpläne machen keine Schule: Über den Widerspruch zentraler Lehrplanung und lebendiger Schularbeit. In: GEW (Hessen) (Hg.): Neue Rahmenpläne in Hessen. Frankfurt 1994, S. 40 ff.

Heursen, G. (1994f): Gebrochenes Herz. Didaktik zwischen Marginalität und Impulsivität. In: Neue Sammlung, Heft 3, 1994, S. 499 ff.

Heursen, G.: Autonomie und Offenheit als didaktische Kategorien im schulischen und betrieblichen Lernen – Zur Entwicklung der Allgemeinen Didaktik in den letzten drei Jahrzehnten. In: Dehnbostel, P.; Walter-Lezius, H.-J. (Hg.): Didaktik moderner Berufsbildung – Standorte, Entwicklungen, Perspektiven. Bielefeld 1995, S. 207 ff.

Hoffmann, C.: Pädagogik vom Kinde aus – oder Pädagogik von den Lehrern aus? In: Buddrus, V. (Hg.): 1992, S. 113 ff.

Horney, W.: Allgemeine Grundsätze der Erziehung. In: Horney, W.; Schultze, W. (Hg.): Die Erziehung in der Schule. = Bd. 3 des Handbuchs für Lehrer, hg. von Walter Horney und Walter Schultze. Gütersloh 1963, S. 269 ff.

Hornstein, W.: Aufwachsen mit Widersprüchen – Jugendsituation und Schule heute. Stuttgart 1990

Hurrelmann, K.: Einführung in die Sozialisationstheorie. München 1986

Jank, W.; Meyer, H.: Didaktische Modelle. Frankfurt/M. 1991

Jürgens, E. (Hg.) (1994a): Erprobte Wochenplan- und Freiarbeits-Ideen in der Sekundarstufe I. Praxisberichte über effektives Lernen im Offenen Unterricht. Heinsberg 1994

Jürgens, E. (1994b): Offener Unterricht: Einige Anmerkungen zur aktuellen Diskussion und zur Praxis. In: ders. (Hg.): 1994, S. 19 ff.

Jürgens, E.: Die „neue" Reformpädagogik und die Bewegung Offener Unterricht. Theorie, Praxis, Forschungslage. St. Augustin 1995 (2. Aufl.)

Kasper, H. u.a. (1989a): Laßt die Kinder lernen. Offene Lernsituationen. Braunschweig 1989

Kasper, H. u.a. (1989b): Offener Unterricht: Modewort oder Besinnung auf eine Lernkultur? In: dies. u.a. 1989, S. 5 ff.

Kasper, H. (1989c): Offener Unterricht in der Diskussion. In: dies. u.a.: 1989, S. 12 ff.

Kegan, R.: Die Entwicklungsstufen des Selbst. München 1986

Kesten, K.: „Eine Spannung, die sich nicht so einfach auflöst". Lehrkunstdidaktik im Gespräch zwischen Wolfgang Klafki, Rudolf Messner, Theodor Schulze und Hans Christoph Berg. In: Berg, H. Chr. u.a. (Hg.): 1990, S. 147 ff.

Key, E.: Die Schule der Zukunft (1902). In: Flitner, W.; Kudritzki, G. (Hg.): Die Deutsche Reformpädagogik. Düsseldorf 1961, S. 54 ff.

Klafki, W.: Aspekte kritisch-konstruktiver Erziehungswissenschaft. Gesammelte Beiträge zur Theorie-Praxis-Diskussion. Weinheim 1976

Klafki, W. (1985a): Konturen eines neuen Allgemeinbildungskonzeptes. In: ders.: Neue Studien zur Bildungstheorie und Didaktik. Weinheim 1985, S. 12 ff.

Klafki, W. (1985b): Zur Unterrichtsplanung im Sinne kritisch-konstruktiver Didaktik. In: ders.: Neue Studien zur Bildungstheorie und Didaktik. Weinheim 1985, S. 194 ff.

Klein, H.: Faradays Kerze in einer 7. Klasse in Amöneburg. In: Berg u.a. (Hg.): 1990, S. 79 ff.

Klein, H.: Wesen und Bedeutung der didaktischen Prinzipien und die Notwendigkeit ihrer weiteren Entwicklung. In: Autorenkollektiv 1976, S. 15 ff.

Klemm, K.; Rolff, H.-G.; Tillmann, K.-J. (Hg.): Bildung für das Jahr 2000: Bilanz der Reform, Zukunft der Schule. Reinbek 1986

Kopp, F.: Prinzipien eines effektiven Unterrichts. In: Kopp, F.: (Hg.): Effektives Lehren und Lernen. Donauwörth 1973

Kordes, H.: Didaktik und Bildungsgang. Plädoyer für eine didaktische Vorgehensweise – die sich der „wilden transversalen Praxis" tatsächlicher Lehr-Lernprozesse aussetzt – und die Arbeit mit ihren Akteuren als einen Gesamtprozeß der Erfahrungssammlung und -verarbeitung begreift. Münster 1989

Kösel, A.: Die Modellierung von Lernwelten – Ein Handbuch zur subjektiven Didaktik. Elltal-Dallau 1993

Krapf, B.: Aufbruch zu einer neuen Lernkultur. Erhebungen, Experimente, Analysen und Bericht zu pädagogischen Denkfiguren. Bern 1992

Kratochwill, L.: Unterrichten können. Brennpunkte der Didaktik. Hohengehren 1992

Krieger, C. G.: Mut zur Freiarbeit – Praxis und Theorie des freien Arbeitens für die Sekundarstufe. Hohengehren 1994

Krüger, H.-H. / Lersch, R.: Lernen und Erfahrung. Perspektiven einer Theorie schulischen Handelns. Bad Heilbrunn 1982

Kuhl, A.M.: Soll die Didaktik konstruktivistisch werden? In: Pädagogische Korrespondenz, Heft 12, Herbst 1993

Kultusminister NW (Hg.): Kollegstufe NW. Ratingen 1972

Kultusminister NW: Rahmenkonzept: Gestaltung des Schullebens und Öffnung von Schule – Entwurf. Düsseldorf 1988

Landesinstitut für Schule und Weiterbildung (Hg.): Freiarbeit in der Sekundarstufe I. Soest 1993

Landesinstitut für Schule und Weiterbildung (Hg.): Perspektiven der Kollegschule – Lebensbedingungen und gesellschaftliche Lernerfordernisse. Dokumentation zum Kollegschul-Kongreß am 21. und 22. Februar 1991. Soest 1991

Lauterbach, R.: Sachunterricht zwischen Alltag und Wissenschaft. In: Hameyer / Lauterbach / Wiechmann (Hg.): Innovationsprozesse in der Grundschule. Fallstudien, Analysen und Vorschläge zum Sachunterricht. Bad Heilbrunn 1992, S.147 ff.

Lenzen, D.: Mythos, Metapher und Simulation. Zu den Aussichten systematischer Pädagogik in der Postmoderne. In: ZfPäd. H. 1, 1987, S. 41 ff.

Lersch, R.: Praktisches Lernen und Bildungsreform. Zur Dialektik von Nähe und Distanz der Schule zum Leben. In: ZfPäd., Heft 6, 1988, S. 781ff.

Lichtfeldt, M.: Könnte Schülerorientierung den Physikunterricht retten? Angebot und Gestaltung physikalischer Themen auf den Alltag der Schüler beziehen. In: Deutsche Lehrerzeitung 25/1994, S. 5

Liebau, E.: An wirklichen Aufgaben lernen. Über Jugend und Schule. In: Brinkmann u.a. (Hg.), (1986), S. 120 ff.

Maturana, H.R.; Varela, F.J.: Der Baum der Erkenntnis. München 1987

Meyer-Drawe, K.: Lebenswelt. In: Lenzen, D. (Hg.): Pädagogische Grundbegriffe, 2 Bde., Reinbek 1989, S. 923 ff.

Meyer, E.; Winkel, R.: Vorbemerkungen der Herausgeber der Reihe zu: Kratochwill 1992, S. V ff.

Meyer, H.: Unterrichtsmethoden. 2 Bde. Frankfurt 1987

Meyer, H.; Ulrich, G.: Was ist eine lernende Schule? Oldenburg 1996

Meyer, M.A.: Shakespeare oder Fremdsprachenkorrespondenz? Zur Reform des Fremdsprachenunterrichts in der Sekundarstufe II. Wetzlar 1986

Meyer, M. A.; Plöger, W. (Hg.): Allgemeine Didaktik, Fachdidaktik und Fachunterricht. Weinheim 1994

Münzinger, W. / Liebau, E.: Proben auf's Exempel. Praktisches Lernen in Mathematik und Naturwissenschaften. Weinheim 1987

Nietzsche, F.: Aus den „Unzeitgemäßen Betrachtungen". In: Flitner, W.; Kudritzki, G. (Hg.): Die Deutsche Reformpädagogik. Düsseldorf 1961, S. 41 ff.

Oblinger, H.; Kotzian, O.; Waldmann, J.: Grundlegende Unterrichtskonzeptionen. Donauwörth 1985

Oelkers, J.; Prior, H.: Soziales Lernen in der Schule. Königstein/Ts. 1982

Oswald, P.: Bildungsprinzipien im Unterricht. Wuppertal 1964

Otto, G.: Zur Etablierung der Didaktiken als Wissenschaften – Erinnerungen, Beobachtungen, Anmerkungen. Versuch einer Zwischenbilanz 1983. In: Heursen, G. (Hg.): 1984a, S. 22 ff.

PÄDAGOGIK, Heft 12, 1995 Themenheft „Offener Unterricht"

PÄDAGOGIK, Heft 1, 1996 Themenheft „Autonomie konkret"

PÄDAGOGIK, Heft 5, 1996 Themenheft „Lehrpläne"

Petri, G.: Analysen und neue Entwicklungsansätze zum schülerorientierten Unterricht. Erste Erfahrungen mit Unterrichtsmodulen. Graz 1993

PLIB (1992) = Pädagogisches Landesinstitut Brandenburg: Vom Lehrplan zum Rahmenplan – Arbeitsmaterialien zur Unterrichtsreform im Land Brandenburg. Ludwigsfelde 1992

Popp, W. (Hg.): Kommunikative Didaktik – Soziale Dimensionen des didaktischen Feldes. Weinheim 1976

Popp, W.: Offenheit im Unterricht. In: Kasper u.a.: 1989, S. 33 ff.

Posch, P.: Auf dem Weg zu einer neuen Kultur des Lernens in der Schule. In: Erziehung und Unterricht, Heft 6, 1989, S. 334 ff.

Potthoff, W.: Von der klassischen Reformpädagogik zu heutigen Schulinnovationen. In: Akademie für Lehrerfortbildung Dillingen (Hg.): 1994, S. 65 ff.

Prange, K.: Bauformen des Unterrichts – Eine Didaktik für Lehrer. Bad Heilbrunn 1986 (2. Auflage)

Projektgruppe Praktisches Lernen (1988a): Erfahrungen mit praktischem Lernen. Eine Übersicht. In: ZfPäd., Heft 6, 1988, S. 749 ff.

Projektgruppe Praktisches Lernen (1988b): Praktisches Lernen in der Schule – Erfahrungen und Perspektiven. Ein Werkstattbericht. In: Fauser / Muszynski (Hg.): (1988), S. 89 ff.

Quintilianus, M. F.: Ausbildung des Redners (95). Hg. und übersetzt von Helmut Rahn. Darmstadt 1972

Quitman, H.: Humanistische Psychologie. Zentrale Konzepte und philosophischer Hintergrund. Göttingen 1985

Ramsegger, J.: Offener Unterricht in der Erprobung. Erfahrungen mit einem didaktischen Modell. München 1977

Robinsohn, S.B.: Ein Strukturkonzept für Curriculumentwicklung. In: ZfPäd. Heft 6 (1969), S. 521 ff.

Rogers, C.R.: Lernen in Freiheit – Zur Bildungsreform in Schule und Universität. München 1974

Rolff, H.G.: Wandel durch Selbstorganisation – Theoretische Grundlagen und praktische Hinweise für eine bessere Schule. München 1995

Rolff, H.G.; Zimmermann, P.: Kindheit im Wandel, Weinheim 1985

Roth, H.: Schule als optimale Organisation von Lernprozessen. In: Die deutsche Schule 9, 1969, S. 520ff.

Roth, H.: Stimmen die deutschen Lehrpläne noch? oder – Die kommende Revolution der Inhalte. In: Die Deutsche Schule, Heft 2, 1968, S. 69

ff. Wiederabdruck in: Achtenhagen, F.; Meyer, H.L. (Hg.): Curriculumrevision – Möglichkeiten und Grenzen. München 1971, S. 47 ff.

Rousseau, J. J.: Zehn botanische Lehrbriefe für eine Freundin (1771). Hg. von Ruth Schneebeli-Graf. Frankfurt/Main 1979

Rumpf, H.: Die übergangene Sinnlichkeit. Drei Kapitel über die Schule. München 1981

Rumpf, H.: Unterricht und Identität. München 1976

Scheller, I.: Erfahrungsbezogener Unterricht. Frankfurt/M. 1986

Schenk, B. u.a.: Lernaufgaben in den Bildungsgängen der Kollegschule. Soest 1991. Kollegschule Werkstattbericht 1

Schenk, B.: Wissenschaftspropädeutik und Lebensweltorientierung ein Widerspruch? In: Heursen, G. (Hg.), 1984, S. 203 ff.

Schmaderer, F. (Hg.): Die Bedeutung eines schülerorientierten Unterrichts. München 1976

Schmidt, S. J. (Hg.): Der Diskurs des radikalen Konstruktivismus. Frankfurt/ Main 1992

Schnack, J. (Hg.): Die gymnasiale Oberstufe gestalten. Hamburg 1996

Schulz, W.: Die Didaktik der Berliner Schule „revidiert". In: b:e, Heft 6, 1972, S. 19 ff.

Schulz, W.: Unterrichtsplanung. München 1980

Schulz,W.: Lernen … gegen falsche Alternativen. In: Brinkmann u.a. (Hg.), 1986, S. 64 ff.

Schulz, W.: Offene Fragen beim offenen Unterricht. In: Kasper u.a.: 1989, S. 75 ff.

Schulz, W.; Treder, M.: Prinzipien der Erziehung und des Unterrichts. In: Otto, G.; Schulz, W. (Hg.): Methoden und Medien der Erziehung und des Unterrichts. Stuttgart 1985, S. 121 ff. = Bd. 4 der Enzyklopädie Erziehungswissenschaft, hg. von Dieter Lenzen

Schulze, Th. (1995a): Didaktik heißt Lehrkunst – Eine begriffliche Explikation. In: Berg, Chr.; Schulze, Th. 1995, S. 49 ff.

Schulze, Th. (1995b): Lehrstückdramaturgie. In: Berg/Schulze 1995, S. 361 ff.

Stöcker, K.: Neuzeitliche Unterrichtsgestaltung. München 1960

Tenorth, H.-E. (Hg.): Bildung, allgemeine Bildung, Allgemeinbildung. In: ders. (Hg.): Allgemeinbildung – Analysen zu ihrer Wirklichkeit, Versuche über ihre Zukunft. Weinheim und München 1986, S. 7 ff.

Theophel, E.: „Alle im All wirkenden Gesetze ..." Die Kerze nach Faraday als exemplarische Einführung in die Chemie in der 9. Klasse der Kästner-Gesamtschule in Wetzlar. In: Berg; Schulze 1995, S. 288 ff.

Tillmann, K. J.: Kooperationsbereitschaft – Flexibilität – Kundenorientierung. Ein neuer Reformdialog zwischen Wirtschaft und Schule? In: Neue Sammlung, Heft 1, 1994, S. 137 ff. Nachdruck in: ders.: Schulentwicklung und Lehrerarbeit. Hamburg 1995

Wagenschein, M.: Verstehen lehren – genetisch, exemplarisch, sokratisch. Weinheim 1968

Wagner, A. C. (Hg.): Kursprogramm zum schülerzentrierten Unterricht. München 1977

Wagner, A. C. (Hg.): Schülerzentrierter Unterricht. München 1976

Wallrabenstein, U.: Offene Schule – Offener Unterricht. Ratgeber für Eltern und Lehrer. Reinbek 1991

Weniger, E.: Didaktik als Bildungslehre. Teil 1: Theorie der Bildungsinhalte und des Lehrplans. Weinheim 1952

Wicke, E. (Hg.): Wissenschaftsorientierter Unterricht in der Krise. Kassel o. J. (ca. 1985)

Wilhelm, Th.: Funktionswandel der Schule. Essen 1984

Willmann, O.: Lehrkunst. Artikel in: Rein, W. (Hg.): Encyklopädisches Handbuch der Pädagogik. Langensalza 1906, Bd. 5, S. 521 ff.

Wöhler, Kh. (Hg.) (1979a): Didaktische Prinzipien – Begründung und praktische Bedeutung. München 1979

Wöhler, Kh. (1979b): Didaktische Prinzipien: Zu ihrer unterrichtswissenschaftlichen Begründung und Relevanz. In: ders.: 1979, S. 13 ff.

Zacharias, W.: Lebensweltliche Didaktik. Die Entstehung didaktischer Strukturen am Beispiel der Pädagogischen Aktion 1970 – 1980. München 1995

Ziller, T.: Vorlesungen über allgemeine Pädagogik. Leipzig 1876

Zimmer, J.; Niggemeyer, E.: Macht die Schule auf, laßt das Leben rein. Von der Schule zur Nachbarschaftsschule. Weinheim 1986

Zimmermann, H.: Freies Arbeiten. In: Akademie ... (Hg.): 1994, S. 79 ff.

Quellennachweis

Die einzelnen Kapitel dieses Buches sind in vorliegender Reihenfolge in der Zeitschrift PÄDAGOGIK, Heft 1/1996 bis Heft 7–8/1996 als Serie erschienen.

Über den Autor

Dr. Gerd Heursen, Jg. 1949, ist Akademischer Rat am Institut für Schulpädagogik und Bildungssoziologie der Freien Universität Berlin. Adresse: Habelschwerdter Allee 45, 14195 Berlin

Ingrid Gogolin (Hg.):
Schulen in Europa
ISBN 3-925836-30-6, 146 S., DM 24,–

Hans Josef Tymister:
Pädagogische Beratung mit Kindern und Jugendlichen
ISBN 3-925 836-33-0, 136 S., DM 22,–

Gudrun Böttger (Hg.):
Konflikte mit Jugendlichen lösen
ISBN 3-925 836-29-2, 130 S., DM 22,–

J. Schnack (Hg.):
Gymnasiale Oberstufe gestalten
ISBN 3-925836-28-4, 187 S., DM 24,80

R. Winkel (Hg.):
Reformpädagogik konkret
ISBN 3-925 836-20-9, 133 S., DM 19,80
Neuauflage 97

J. Bastian, G. Otto (Hg.):
Schule gestalten
ISBN 3-925836-27-6, 159 S., DM 24,80

K.-J. Tillmann (Hg.):
Was ist eine gute Schule?
ISBN 3-925836-12-8, 202 S., DM 24,80

K.-J. Tillmann:
Zwischen Euphorie und Stagnation
ISBN 3-925836-09-8, 115 S., DM 15,80

K.-J. Tillmann:
Schulentwicklung und Lehrerarbeit
ISBN 3-925836-26-8, 178 S., DM 24,80

K.-J. Tillmann (Hg.):
Schultheorien
ISBN 3-925836-06-3, 129 S., DM 15,80

Unsere Bücher erhalten Sie im Buchhandel oder bei
CVK. Cornelsen Verlagskontor
Postfach 10 02 71, D-33502 Bielefeld
Telefon (0521) 97 19-121, Fax (0521) 97 19-137

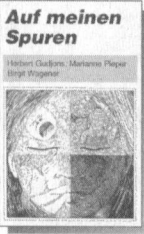

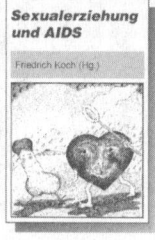

H. Gudjons, R. Teske, R. Winkel (Hg.):
Erziehungswissenschaftliche Theorien
ISBN 3-925836-02-0, 100 S., DM 15,80

H. Gudjons:
Erziehungswissenschaft kompakt
ISBN 3-925836-23-3, 214 S., DM 24,80

H. Gudjons, M. Pieper, B. Wagener:
Auf meinen Spuren
ISBN 3-925836-19-5, 380 S., DM 26,80

J. Bastian (Hg.):
1968–1988
Eine Pädagogen-Generation
zieht Bilanz
ISBN 3-925836-11-X, 200 S., DM 19,80

J. Bastian (Hg.):
Drogenprävention und Schule
ISBN 3-925836-16-0, 180 S., DM 19,80

R. Bühs:
Tafelzeichnen kann man lernen
ISBN 3-925836-05-5, 132 S., DM 15,80

H. Gudjons, R. Teske, R. Winkel (Hg.):
Unterrichtsmethoden
ISBN 3-925836-01-2, 120 S., DM 15,80

O.-A. Burow,
M. Neumann-Schönwetter (Hg.):
Zukunftswerkstatt
in Schule und Unterricht
ISBN 3-925836-25-X, 188 S., DM 26,80

F. Koch (Hg.):
Sexualerziehung und AIDS
ISBN 3-925836-17-9, 132 S., DM 19,80

H. Gudjons (Hg.):
Entlastung im Lehrerberuf
ISBN 3-925836-21-7, 221 S., DM 26,80

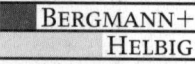

   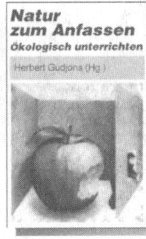 

J. Bastian, H. Gudjons (Hg.):
Das Projektbuch
ISBN 3-925836-04-7, 252 S., DM 24,80

J. Bastian, H. Gudjons (Hg.):
Das Projektbuch II
ISBN 3-925836-15-2, 285 S., DM 24,80

O.-A. Burow, H. Gudjons (Hg.):
Gestaltpädagogik in der Schule
ISBN 3-925836-22-5, 144 S., DM 24,80

H. Gudjons (Hg.):
Natur zum Anfassen
ISBN 3-925836-10-1, 106 S., DM 15,80

W. Schulz:
Lyrische Notizen
ISBN 3-925836-24-1, 140 S., DM 22,–

I. Gogolin:
Erziehungsziel Zweisprachigkeit
ISBN 3-925 836-13-6, 280 S., DM 24,80

R. Oberliesen u. a. (Hg.):
Schule Ost – Schule West
ISBN 3-925 836-18-7, 240 S., DM 19,80

```
Fordern Sie unser
Verlagsprogramm an.
Bergmann und Helbig Verlag
Rothenbaumchaussee 11
D-20148 Hamburg
Telefon (040) 45 45 83
Telefax (040) 410 85 64
```

Neuauflagen 97

H. Gudjons (Hg.):
Neue Tips für besseren Unterricht
Praktiker mit reichem Berufswissen und neuen Ideen haben hier ihre Erfahrungen zu konkreten Handlungsvorschlägen verdichtet.
Eine Unterrichtsmethodik in praktischer Absicht.
ISBN 3-925836-32-2, 184 S., DM 26,–

H. Gudjons, R. Winkel (Hg.):
Didaktische Theorien
Die Vertreter von fünf didaktischen Theorien legen hier eine Kurzfassung ihrer umfangreichen Konzepte für schulisches Lehren und Lernen vor.
ISBN 3-925836-35-7, 136 S., DM 24,–